图说井冈山

饶道良　编著

陕西新华出版

陕西人民美术出版社

SHAANXI PEOPLE'S FINE ARTS PUBLISHING HOUSE

——西安——

图书在版编目（CIP）数据

图说井冈山 / 饶道良编著 . —西安 : 陕西人民美术
出版社 , 2021.3（2024.6 重印）
ISBN 978-7-5368-3552-8

Ⅰ.①图… Ⅱ.①饶… Ⅲ.①井冈山革命根据地 – 史
料 – 图解 Ⅳ.①K269.4 – 64

中国版本图书馆CIP数据核字（2020）第241694号

图说井冈山

饶道良　编著

出版发行	陕西人民美术出版社
地　　址	陕西省西安市雁塔区曲江街道登高路 1388 号
邮　　编	710061
经　　销	新华书店
印　　刷	三河市悦鑫印务有限公司
开　　本	710mm×1000mm　1/16
印　　张	22
字　　数	376 千字
版　　次	2021 年 3 月第 1 版　2024 年 6 月第 3 次印刷
书　　号	ISBN 978-7-5368-3552-8
定　　价	58.00 元

前　言

　　井冈山，中国革命的摇篮。20世纪二三十年代，以毛泽东、朱德为代表的中国共产党人，把马克思主义的普遍原理同中国革命的具体实践相结合，在这里点燃了"工农武装割据"的星星之火，建立了中国第一个农村革命根据地，创建了第一支正式红军部队，开辟了一条具有中国特色的革命胜利道路，培育了带有原创意义的民族精神——井冈山精神。

　　轰轰烈烈的大革命失败以后，中国共产党人高举武装反抗的旗帜，开始独立探索中国革命的新道路。毛泽东提出"以农村为中心"的思想，适时提出将中国革命的重心转向农村，创建了井冈山革命根据地，中国革命开始走向胜利的起点。井冈山革命根据地位于江西、湖南两省交界的罗霄山脉中段，包括江西的宁冈（今属井冈山市）、永新、遂川、莲花和湖南的茶陵、酃县（今炎陵）等六县，以及酃县、遂川、永新和宁冈四县交界的井冈山区，面积达7200多平方公里，人口有50多万。从1927年10月至1930年2月，在历时两年四个月的艰苦斗争中，毛泽东对井冈山斗争的经验进行了科学的理论概括，探索出"以农村包围城市、武装夺取政权"的中国革命道路——井冈山道路，奠定了中国革命胜利的基础。

　　中华人民共和国成立以后，井冈山成为中国共产党人乃至全国人民的精神家园。毛泽东、朱德重上井冈山，邓小平、江泽民、胡锦涛视察井冈山，高度评价井冈山精神，特别是2016年2月初，习近平总书记第三次视察井冈山时高度评价："井冈山斗争的伟大实践，对中国革命道路的探索和抉择、对中国共产党和人民军队的成长具有关键意义。井冈山时期留给我们最为宝贵的财富，就是跨越时空的井冈山精神。"并且强调，"今天，我们要结合新的时代条件，坚持坚定执着追理想，实事求是闯新路，艰苦奋斗攻难关，依靠群众求胜利，让井冈山精神放射出新的时代光芒。"赋予井冈山精神新的时代价值。

井冈山斗争，波澜壮阔；井冈山精神，博大精深。采取图说的方式解读井冈山，让图片直观地还原历史，正是为了让更多不同年龄、不同层次的人们更全面、更广泛地了解井冈山斗争的历史，传承井冈山精神，使之在不同的时代都能放射出新的光芒。

从革命到建设，从改革开放到全面建成小康社会，井冈山精神走过了90多年的风雨岁月，历久弥新。井冈山精神之所以伟大，正是因为它不受时间和空间所限，能够穿越时空。在中华民族崭新的历史纪元中，在全面建成小康社会决胜阶段的关键时刻，跨越时空的井冈山精神必将焕发新的生机，将一如既往地为执政党的治国理政注入绵延不绝的正能量，为实现中华民族伟大复兴中国梦提供强大的精神力量。

目　录

1927 年及以前

1928 年

1929 年

1930 年及以后

1927 年及以前

毛泽东"上山"思想
产生的前因后果

　　毛泽东的"上山"思想由来已久，这要从他对农民运动的关注说起。

　　毛泽东最早注意农民运动是在1923年4月。当时，毛泽东任执行委员会书记的中共湘区区委派遣共产党员刘东轩、谢怀德回到其家乡衡山岳北开展农民运动，并于同年9月建立了湖南第一个农民运动组织——岳北农工会。1925年5月，毛泽东在韶山亲自从事农民运动工作，时间长达半年之久。同年12月，他发表了《中国社会各阶级的分析》的文章，研究了无产阶级的同盟军、革命对象等重要问题。

　　1926年，大革命在中国南方蓬勃兴起，各地的农民运动更是如火如荼地开展起来。但是共产党内部的一些同志为了迁就国民党，宁愿抛弃农民这个最主要的同盟军，对农民运动百般指责。为了求得真相，1927年1月4日至2月5日，毛泽东考察了湖南湘潭、湘乡、衡山、醴陵、长沙五个县的农民运动。在衡山搞农村调查时，针对当时中央有人反

毛泽东

3

对农民运动、反对搞武装斗争的言论，毛泽东提出了他的见解。1927年2月毛泽东来到衡阳北区作农民运动调查，他向在座的同志说，他打算带一些农民、工人到江西的安源山去打游击。

春雷交响——1927·好得很（油画作者：杨谷昌）

后来，毛泽东在武昌都府堤41号，一栋青砖灰瓦的两层楼民居内写成了著名的《湖南农民运动考察报告》一文，提出了解决中国民主革命的中心问题——农民问题的理论和政策，为中国农民运动指明了方向。

时任中共中央政治局委员的瞿秋白对毛泽东的这个报告大加推崇，为它写了热情洋溢的序言。他在序言中说："中国革命家都要代表三万万九千万农民说话做事，到战线去奋斗，毛泽东不过开始罢了。中国的革命者个个都应当读一读毛泽东这本书。"

这是毛泽东第一次如此慎重和认真地对待农民问题，他的想法和做法引起了中共高层的重视，为他后来萌生的"上山"思想奠定了基础。

"马日事变"以后，由于湖南的反动势力过于强大，湖南的共产党员不得不"背井离乡"，到了当时革命的中心——武汉。他们会聚在武昌都

武昌都府堤毛泽东旧居

府堤的毛泽东住所，向毛泽东要主意。毛泽东当即建议大家回到原来各自的岗位上，"在山的上山，靠湖的下湖，拿起枪杆子保卫革命"。这是毛泽东第一次明确提出"上山"思想。

1927年7月4日，毛泽东参加了中共中央政治局常委扩大会议，在会上提出：农民武装可以上山或投到与党有联系的军队中去，强调"上山可造成军事势力的基础"。

7月20日，毛泽东主持的中央农民部发出《目前农民运动总策略》文件，指出农民武装以合法名义存在或秘密训练，"两种形式都不可能时则可以上山"。

8月7日，曾经对国民党抱有种种期望的中国共产党人终于彻底清醒

过来，中共中央政治局在汉口的一幢屋子里召开了紧急会议。这次会议成为中共早期历史的一次转机。

毛泽东关于武装斗争思想的发言记录，画线语句为：上山可造成军事势力的基础

    会议由瞿秋白主持，邓中夏、任弼时、苏兆征、李维汉、张太雷、陈乔年、罗亦农、顾顺章、蔡和森、毛泽东等21人出席了会议。当时毛泽东的身份是中央候补委员，虽然他的职务不是很高，但他是当时的著名人物。对大革命失败负有主要责任的陈独秀没有出席这次会议，人们在会上可以看到他的儿子陈乔年———一位著名的职业革命家的身影。

    除了主要声讨陈独秀的右倾投降错误外，会议还通过了许多决议案，确定了土地革命和武装反抗国民党反动派的总方针。毛泽东在会上发了言，推出了马克思主义暴力学说在中国的新注释："须知政权是由枪杆子中取得的。"会议选出了新的临时中央政治局，瞿秋白、苏兆征、李维汉当选为常委，毛泽东由中央候补委员上升为中央政治局候补委员。瞿秋白显然对毛泽东大为欣赏，他想请毛泽东去上海协助他工作，因为共产党的中央机关即将迁往上海。毛泽东谢绝了瞿秋白的好意，他知道他的立足点不在上海的洋楼上，他想去找他的农民朋友。

    纵观毛泽东的一生，人们会发现，他对那些古代绿林有一种由衷的赞赏，一部《水浒传》就成为他一生多次阅读的案头必备之书。宋江受了招安，离开了梁山泊，毛泽东还忍不住嘲讽他几句："好就好在投降，做反面教材！"

八七会议旧址

1927 年 8 月 20 日，毛泽东写信给中央明确提出："国民党旗子已成军阀的旗子，只有共产党旗子才是人民的旗子。"最早提出公开打出共产党旗子的问题。

毛泽东的"上山"思想是马列主义理论与中国革命实际相结合的产物，是一种切合实际、行之有效的新理念。这种思想的实质，就是将革命工作的重心，从敌人统治力量较强的城市转移到敌人统治力量较薄弱的农村或山区去。这种思想为后来中国革命农村包围城市道路理论的提出奠定

了重要基础。

参考资料

[1] 中共中央党史研究室:《中国共产党历史》第 1 卷,中共党史出版社,2011。

[2] 江西省井冈山"一号工程"协调领导小组办公室编:《井冈山革命博物馆展陈大纲》(内部资料),2007 年 10 月。

[3] 中共中央党校党史教研室编:《中国共产党历次重要会议集》(上),上海人民出版社,1982。

[4]《瞿秋白文集》(第四卷)。

[5]《人民日报(海外版)》2010 年 7 月 13 日第 7 版。

南昌第一枪

八一南昌起义场景复原图

　　大革命失败以后，为了反抗国民党反动派的屠杀政策，挽救中国革命，1927年7月中旬，中共中央临时政治局常务委员会派遣李立三、邓中夏、谭平山、恽代英、聂荣臻、叶挺等先后赴江西九江，准备组织中国共产党掌握和影响的国民革命军中的一部分力量，联合第二方面军总指挥张发奎重回广东，以建立新的革命根据地，实行土地革命，然后进行新的北伐。7月20日，因发现张发奎已经站在了汪精卫一边，李立三等立即抛弃依赖张发奎的计划，提议独立发动反对南京和武汉国民党政府的军事行动。中共中央临时

政治局常委会在获悉李立三等人的提议后，正式确定了在南昌举行武装起义的部署。随后，向共产国际报告了起义的计划。

中共中央指定周恩来、李立三、恽代英、彭湃等组成中共中央前敌委员会（简称"前委"），以周恩来为书记，前往南昌领导这次起义。7月27日，周恩来从武汉经九江到达南昌，在江西大旅社成立起义的前敌委员会。前委详细研讨了有关起义的事项，进行了周密部署，决定7月30日晚举行武装起义。

周恩来

朱 德

准备参加起义的武装力量有贺龙领导的第二十军，叶挺领导的第十一军第二十四师、第十师，第四军第二十五师第七十三、第七十五团，朱德领导的第三军军官教导团等共2万余人。

7月28日，周恩来前往第二十军指挥部会见贺龙，任命贺龙为起义总指挥。7月29日，正当起义的准备工作紧张进行的时候，中共中央临时政治局常委张国焘以中央代表名义从九江给前委连续发来两封密电，坚持要等他来南昌以后再决定是否起义。30日，张国焘来到南昌，在前委会上传达了共产国际代表的指示精神：一、我们的军事若无十分把握，可将我们的同志从军队中撤出，去组织工农群众；二、起义要得到张发奎（第二方面军总指挥兼第四军军长）的同意，并且要一致行动。这个意见遭到了周恩来、恽代英、李立三、彭湃、谭平山的反对和驳斥。

南昌起义指挥部——江西大旅社

7月31日，前委决定8月1日凌晨举行起义。起义的对外机构是革命委员会，而且还由叶挺签署、用贺龙的名义发出了绝密的作战命令："我军为达到解决南昌敌军的目的，决定于明日（8月1日）4时开始向城内外所驻敌军进攻，一举而歼灭之！"

8月1日凌晨，在以周恩来为首的前委领导下，贺龙、叶挺、朱德、刘伯承等率领在党直接掌握和影响下的军队2万余人，举行南昌起义。经过四个多小时的激烈战斗，起义军全歼守敌3000余人，缴获各种枪支

11

5000余支（挺）、子弹70余万发、大炮数门，占领南昌城。当日下午，驻南昌附近马回岭的第二十五师第七十三团全部、第七十五团三个营和第七十四团机枪连，在聂荣臻、周士第率领下起义，于8月2日赶到南昌。

为了争取和团结国民党中一部分愿意继续革命的人士，揭露蒋介石和汪精卫背叛孙中山革命精神的真面目，这次起义仍使用国民党左派的旗帜。起义胜利后，成立了中国国民党革命委员会，推举宋庆龄、邓演达、周恩来、何香凝、谭平山、吴玉章、贺龙、林祖涵（林伯渠）、叶挺、张国焘、李立三、恽代英、徐特立、彭湃、郭沫若等25人为委员，以宋庆龄、邓演达等7人组成主席团。同时以宋庆龄等人的名义发表《中央委员宣言》，指出南京的蒋介石和武汉的汪精卫等曲解三民主义，背叛国共合作，毁弃联俄、联共、扶助农工的三大政策，已成为孙中山事业的罪人；号召一切革命者团结一致，继承孙中山的革命遗志，继续为反帝国主义与实行解决土地问题奋斗。革命委员会任命吴玉章为秘书长，命周恩来、贺龙、叶挺、刘伯承等组成参谋团作为军事指挥机关，刘伯承为参谋团参谋长，郭沫若为总政治部主任。起义部队沿用国民革命军第二方面军的番号，所属第十一军（辖第二十四、十师，第四军第二十五师），叶挺任军长，聂荣臻任党代表；第二十军（辖第一、二师），贺龙任军长，廖乾吾任党代表；第九军，朱德任副军长，朱克靖任党代表。全军共2万余人。革命委员会任命贺龙为国民革命军第二方面军代总指挥，叶挺为代前敌总指挥。

朱德在南昌起义时用过的手枪

　　南昌起义打响了武装反抗国民党反动派的第一枪，用血与火的语言，宣告了中国共产党人不畏强暴、坚持革命的坚强决心。它在全党和全国人民面前树立起一面革命武装斗争的旗帜，标志着中国共产党独立地领导革命战争，创建人民军队和武装夺取政权的开始，具有重大的历史意义。

参考资料

　　[1] 中共中央党史研究室：《中国共产党历史》第 1 卷，中共党史出版社，2011。

　　[2] 南昌八一纪念馆编：《南昌起义》，中共党史资料出版社，1987。

毛泽东水塘避险

早在八七会议之前的 8 月 3 日，中共中央就已经制订了在湘鄂赣粤四省发动秋收起义的详尽计划，只是派谁去领导的问题悬而未决，直到毛泽东在汉口侃侃而谈，中共中央才发现人才就在身边。

中共湘区委员会旧址暨毛泽东、杨开慧旧居——长沙清水塘

8月12日，领衔受命的毛泽东一回到长沙，就到长沙郊区的清水塘和板仓继续他的农村调查，草拟出土地纲领数条。这种调查研究的方法后来一直成为毛泽东开展农村工作的重要法宝之一。

8月18日，改组后的中共湖南省委举行会议，毛泽东带着一身的泥腥味匆匆赶来参与制订秋收起义的计划，讨论土地、政权等问题。在会上，毛泽东再次表现出他的与众不同，他竭力否决大多数同志"坚决地夺取整个湖南""全面开花"的起义计划，主张湖南的秋收起义以长沙为中心，其他地方只要虚张声势一下就可以了。

不得不承认，毛泽东确有他的过人之处。会议的详细情况我们不得而知，但会议结束时，大家一致同意了毛泽东的意见。

8月19日至30日这十来天里，中共湖南省委在朱家花园、沈家大屋等地频频开会。毛泽东已抽不出时间再去农村搞调查了，他有了更直接、更重要的任务，领导起义的权力机关——中共湖南省委前敌委员会的书记一职落到了他的肩上。此后，前委一直是指挥军事行动和地方工作的最高领导机构。值得人深思的是："前委"似乎与毛泽东有不解之缘，而每当毛泽东不担任前委书记时，一定是出了某种乱子。往后我们会看到，井冈山"三月失败"时，正是毛泽东被迫退出前委，改任师长之际；"八月失败"时，又是毛泽东虽被重新任命为前委书记，却还没有到任的时候；1929年，在闽西红四军党的七大上，毛泽东被卸去前委书记一职，但仅仅过了几个月，担任前委书记的陈毅就不得不"奏请"中央，再次邀请毛泽东出山……

1927年9月初，毛泽东手持一把桐油纸伞，匆匆赶到安源，就任中共湖南省委前敌委员会书记。在张家湾，毛泽东成功地召开了一次军事会议，对秋收起义做出了详细的军事部署，努力实现他"枪杆子里面出政权"的信条。当时在他的麾下，已有一个师三个团的兵力。其中值得一提的是第一团。这个团前身是国民革命军第二方面军总指挥部警卫团，团中有许多赫赫有名的赤色人物，这些人绝大多数是黄埔军校出身。本来警卫团的任务是去参加南昌起义。8月初的一个黄昏，警卫团在卢德铭的带领下在武昌上船，沿江顺流而下。然而，行至江西奉新，形势骤变。前方传来南昌起义失利、部队已离开南昌的消息。卢德铭急忙命一营营长余洒度率部转向修水，在这里进行了一段时间的休整和练兵，并且和铜鼓的苏先骏部（编为第三团）、萍乡的王新亚部（编为第二团）组成了一个师，这个师成为秋收起义的主力部队。

铜版画　毛泽东机智脱险 1

铜版画　毛泽东机智脱险 2

铜版画 毛泽东机智脱险 3

铜版画 毛泽东机智脱险 4

　　安源安排就绪，毛泽东与中共浏阳县委书记潘心源急忙赶往铜鼓。就在去铜鼓的路上，发生了一件事，可以作为毛泽东是福将的佐证。虽然最后毛泽东安然无恙，但当时情况确实凶险至极，足可以让他铭记终生。十年后，毛泽东在延安窑洞昏暗的油灯下，用不紧不慢的湘音向美国记者埃德加·斯诺讲述了这段经历：

　　"当时我正在组织军队，奔走于汉冶萍矿工和农民武装之间的时候，我被一些国民党勾结的民团抓到了。那时候，国民党的恐怖骇人听闻，数以百计的共产党嫌疑分子被枪毙。那些民团奉命把我押到民团总部去处死。我从一个同志那里借了几十块钱，打算贿赂押送的人释放我。普通的士兵都是雇佣兵，枪毙我对他们并没有特别的好处，他们同意释放我，可是负责的队长却不允许。因此我决定设法逃跑。但是直到离民团总部大约二百米的地方，我才找到机会。我一下子挣脱出来，往田野里跑。

　　"我跑到一个高地，下面是一个水塘，周围长了很高的草，我在那里躲到太阳落山。士兵们追捕我，还强迫一些农民帮助他们搜寻。有好多次他们走得很近，有一两次我几乎可以用手接触到他们。尽管有五六次我已经放弃任何希望，认为自己一定会再次被捉住，可是不知怎么的，我没有被他们发现。最后，天近黄昏了，他们放弃了搜寻。我马上翻山越岭，彻夜赶路。我没有穿鞋，脚底擦伤得很厉害。路上我遇到一个友善的农民，他给我住处，后来又带领我到了邻县。我身上仅有七块钱，用这钱买了一双鞋、一把伞和一些食物。当我最后安全到达农民武装那里的时候，我口袋里只剩下两个铜板了。"

　　说到这段经历，毛泽东的口气悠闲得如弹掉一截烟灰。然而，如果当时民团知道他们抓住的是一个什么样的人物，一定不会如此掉以轻心；而如果前面的假设成立，中国也一定不会是今天这个样子。

　　那几个民团团丁抱着"当兵吃粮"的宗旨，在毛泽东逃跑后，他们只是装模作样地在附近搜索了一下就了事，再加上得了毛泽东几块钱的"小费"，也可能有意要放他一马。于是，天黑以后，他们就溜之大吉了。

参考资料

埃德加·斯诺：《西行漫记》，董乐山译，生活·读书·新知三联书店，1979。

第一面军旗的诞生

中国工农革命军军旗（复制品）

　　在井冈山革命博物馆的展柜中，有一面褪了色的红色军旗，上面写着"中国工农革命军第一军第一师"，中间是镰刀和斧头图案。这面旗子是中国共产党领导下最早打出的中国工农革命军军旗。追本溯源，当年这第一面军旗又是如何设计出来的呢？

　　1927年4月以后，由于蒋介石、汪精卫先后背叛了革命，发动了一系列反革命政变，革命处于低潮时期。这时，中国共产党人决定奋起反击，

组织领导了八一南昌起义，打响了武装反抗国民党反动派的第一枪，宣告了中国共产党把中国革命进行到底的坚定立场，标志着中国共产党独立地创造革命军队和领导革命战争的开始。

1927年8月3日，中共中央发出《关于湘鄂粤赣四省农民秋收暴动大纲》，要求四省党组织发动农民举行秋收起义，夺取乡村政权，实行土地革命。

在此之前的南昌起义打的仍然是国民革命军的旗帜，因为起义的部队都是国民革命军，国民党左派的旗帜在当时有一定的号召力。后来，毛泽东受中共中央委派领导湘赣边界的秋收起义。那么，在这次起义中，应当举什么样的旗帜呢？当时中央还是想举国民党的旗帜，可是8月中旬，毛泽东回到长沙，在湖南搞调查待了一段时间后，目睹长沙的国民党军队已经站在了反革命立场上，疯狂镇压工农革命，残酷杀害共产党人和革命群众，因此，他改变了原来的看法。8月16日，中共湖南省委改组，彭公达任省委书记。18日，彭公达主持召开改组后的省委会议，传达八七会议精神，讨论秋收起义问题。毛泽东在会上强调指出：湖南的秋收起义，要解决农民的土地问题，这是谁都不能否认的。但是发动起义，单靠农民的力量是不行的，必须有军事的帮助，要有一两个团的兵力做骨干，否则起义难免失败。起义的发展是要夺取政权，要夺取政权就一定要有兵力。我们党从前的错误，就是忽略了军事，现在应以百分之六十的精力注意军事运动，用枪杆子夺取政权、建设政权。会议一致认为，要公开打出中国共产党的旗帜来号召和发动起义，起义后应建立无产阶级领导的工农民主政权。中共湖南省委会议决定在湘赣边界的长沙、醴陵、浏阳、平江、湘潭、宁乡等县和安源矿区发动秋收起义，第一步袭取湘东各县，第二步攻占长沙。起义的领导机关是党的前敌委员会，书记是毛泽东。

8月20日，毛泽东以中共湖南省委名义给中央写信，提出："我们应高高打出共产党的旗子，以与蒋、唐、冯、阎等军阀所打的国民党旗子相对。国民党旗子已成军阀的旗子，只有共产党旗子才是人民的旗子。这一点我在鄂时还不大觉得，到湖南来这几天，看见唐生智的省党部是那样，而人民对之则是这样，便可以断定国民党的旗子真不能打了。"

9月初，毛泽东到达安源，以中共中央特派员和中共湖南省委秋收起义前敌委员会书记身份，在安源张家湾召开湘赣边界秋收起义军事会议，会议决定正式组建中国工农革命军第一军第一师。参加起义的骨干力量，主要是分布在修水、铜鼓、安源等地的国民革命军第四集团军第二方面军总指挥部警卫团，平江、浏阳等县的农军和安源的工人武装，总计5000余人。同时还将起义部队的番号、旗帜都做了统一规定。

根据前敌委员会的指示，制作军旗的任务交给了当时起义军第一团参谋长何长工、参谋处处长陈树华和副官杨立三，命令他们在修水负责设计制作军旗和臂章。第一团原来是国民革命军第二方面军总指挥部警卫团，也叫武汉警卫团，北伐时是第四军叶挺独立团下面的一支队伍，连、排以上干部中有三分之一是共产党员。

在法国勤工俭学过的何长工才思敏捷，精力旺盛，充满了激情。接受设计军旗任务后，何长工他们三个人在修水商会东厢房一张宽大的八仙桌上，通宵达旦地设计构思。经过反复研究，何长工认为中国的工农革命是在共产党的领导下进行的，通过武装斗争，使革命的星火燃遍全国。因此，根据在国外所见到过的苏联红军的旗样，他提出了"这面军旗要有镰刀、斧头和五角星"的设计方案，这个方案得到了陈树华和杨立三的赞同。

他们当即就到修水的一家裁缝店里借来了硬纸、剪刀、尺子和画线用的粉包，开始画图。按照之前的构思，何长工接连画了几个图案都不太理想，要么就是计算不准确，要么就是裁剪不标准。大家苦苦思索，研究最佳方案。三个人画了又改，改了又画，边设计，边琢磨，边修改，最后终于拿出了一个布局合理、比例适当、角度准确的设计图样。第二天一早，他们按设计方案缝制

何长工

出了一面军旗：旗底为红色，象征中国共产党领导的革命；旗中央的五角星代表中国共产党；五星内有镰刀斧头，代表工农，寓意着工农革命军第一军第一师是中国共产党领导的工农武装；镶在旗杆旁边的白布条上写有"中国工农革命军第一军第一师"的字样。整个含义就是：工农革命军第一军第一师是中国共产党领导的工农革命武装。就这样，一面庄严、神圣、鲜艳，凝聚着工农革命精神的军旗诞生了。旗帜就是方向，旗帜就是动力，旗帜就是凝聚力，这是毛泽东的一种卓识远见。

军旗设计好的消息传开之后，许多官兵都前来观看，他们为这面军旗的设计制作成功而拍手称快，因为它体现了工农革命的性质，是光明与希望的展现。

1927 年 9 月 9 日，举世闻名的秋收起义爆发了。第一团在总指挥卢德铭的指挥下，首先在修水举行起义。这时，军旗早已做出来了，但是 9 日的起义所打的旗帜并不是工农革命军第一师，而是江西省防军第一师。为什么当时没有用？这实际上也是一种策略。9 月 10 日，第二团在安源起义之后，在团长王新亚的指挥下，先后取得了老关、醴陵战斗的胜利。9 月 11 日，由前委书记毛泽东领导的第三团在铜鼓起义，各部队统一更换旗帜。一面面写有"中国工农革命军第一军第一师"的军旗首次在起义的战场上空迎风招展，高高飘扬。这面旗帜是中国共产党人领导的革命武装所使用的第一面红色旗帜。

"军叫工农革命，旗号镰刀斧头。"就这样，中国工农革命军第一面鲜艳的军旗公开打了出来，引导着部队冲锋陷阵。正如 1958 年 9 月 5 日何长工在解放军总直机关马列主义业余大学做报告时曾说过的："工农革命军第一军第一师就成立起来了。在中国，在东方，第一面革命的红旗打起来了。"有了这面旗帜，我们的部队就有了方向，有了动力，也有了那种磅礴的气势和勇往直前的精神。

毛泽东在《井冈山的斗争》一文中对这面伟大旗帜的意义做了高度的评价："边界红旗子始终不倒，不但表示了共产党的力量，而且表示了统治阶级的破产，在全国政治上有重大的意义。"

参考资料

［1］何长工：《何长工回忆录》，解放军出版社，1987。

［2］陈树华：《从武汉到茗市》，载《星火燎原·井冈山斗争专辑》，解放军出版社，1986。

［3］毛泽东：《井冈山的斗争》，选自《毛泽东选集》第 1 卷，人民出版社，1991。

"霹雳一声暴动"

八七会议后，毛泽东以中共中央特派员的身份和新任中共湖南省委书记彭公达回到湖南。1927 年 8 月间，中共湖南省委在长沙多次召开会议，传达讨论中央的有关会议精神，确定了湘赣边界秋收起义的计划。8 月 18 日，在长沙市郊沈家大屋召开改组后的中共湖南省委第一次会议，讨论制订秋收起义计划，决定毛泽东赴湘赣边组织前敌委员会，并任平、浏农军师长，具体领导秋收起义。

1927 年 9 月初，毛泽东在安源张家湾主持召开军事会议。参加会议的还有潘心源（中共浏阳县委书记、浏阳农军负责人）、蔡以忱（中共安源市委书记）、宁迪卿（中共安源市委委员）、王新亚（赣西农民自卫军总指挥、安福农军负责人）、杨骏（中共安源市委宣传部长）等。会上，毛泽东阐述了中共湖南省委关于秋收起义的决定。会议决定要与国民党彻底划清界限，旗帜鲜明地以中国共产党的名义号召群众，确定了军事行动和民众起义计划——军队和民众起义相互配合，夺取平江、浏阳、醴陵、萍乡等县，分三路合攻长沙；组成了以军事负责人为成员的前委，成立了中国工农革命军第一军第一师。

为便于领导秋收起义，中共湖南省委确定秋收起义的领导机关分为两个：一个是由各军事负责人组成的党的前敌委员会，任命毛泽东为书记，作为武装起义的军事指挥机关；另一个是党的行动委员会，由起义地区各地方党委负责人组成，任命易礼容为书记，负责地方工作。

正如许多诗人一样，每当心里兴奋或愁苦，毛泽东总是首先想到用诗

张家湾军事会议旧址

词表达出来。"诗以言志，文以载道"，在毛泽东身上得到了完美体现。无论战争多么残酷，政务多么繁忙，毛泽东写诗作词的笔始终不停。

大战之前，毛泽东激情澎湃地写下了《西江月·秋收起义》：

西江月·秋收起义

军叫工农革命，旗号镰刀斧头。匡庐一带不停留，要向潇湘直进。
地主重重压迫，农民个个同仇。秋收时节暮云愁，霹雳一声暴动。

秋收起义最早打出中国工农革命军的旗帜。起义部队由前委领导，前委书记毛泽东、总指挥卢德铭、师长余洒度、副师长余贲民、参谋长钟文璋，下辖四个团，共5000余人。第一团团长钟文璋、党代表彭商仁，部队主要由国民革命军第四集团军第二方面军总指挥部警卫团组成；第二团团长王新亚、党代表张明山，部队主要由安源工人纠察队和安福、醴陵农军

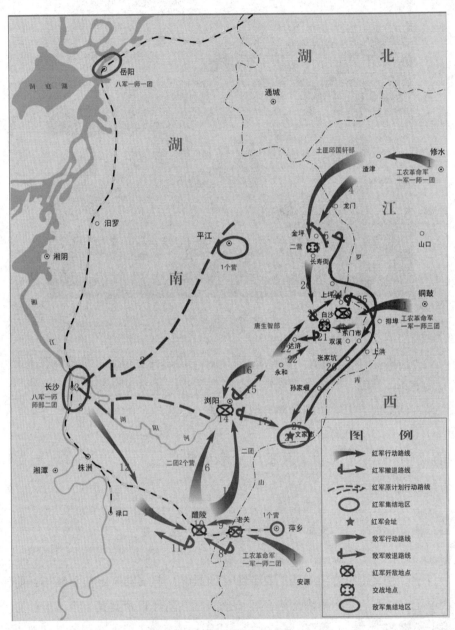

湘赣边界秋收起义示意图
（来源：井冈山革命博物馆）

组成；第三团团长苏先骏、党代表潘心源，部队主要由浏阳、平江工农武装组成；第四团为在起义前收编的当地的土匪武装邱国轩的一个团。起义部队以夺取长沙为目标，具体部署了各团的行动计划。

1927年9月9日，中国工农革命军第一师发动了湘赣边界秋收起义。参加起义的铁路工人和农民，首先破坏了岳阳至黄沙街、长沙至株洲两段铁路，切断了敌人的交通运输。工农革命军分别从修水、安源、铜鼓出发，取道浏阳、平江，分两路进攻长沙。

9月9日，中国工农革命军第一军第一师第一团和师部在修水起义，向湖南平江进发。9月10日，暴动农民迫使武长铁路火车全线停驶。9月11日零时，第二团在安源起义，进攻萍乡，夺取老关。9月11日，毛泽东率第三团挺进浏阳，拿下沙河镇。9月11日，起义部队迫使长沙至株洲的火车停驶。9月12日，第二团攻克醴陵县城。起义军大有不可阻挡之势，诸路兵马齐指长沙。

正当起义军准备一鼓作气按原定计划进攻长沙时，冷不防，一支暗箭从侧面疾速射来。这支箭是邱国轩放的。

邱国轩原是黔军王天培的残部。王天培溃散后，邱国轩率一团人在修水一带为非作歹。工农革命军到修水后，赶跑邱国轩，又杀了他一个营长，给了他一个下马威。后来师长余洒度突发奇想，欲收编邱部，未曾想到邱国轩欣然应允。于是，一股臭名昭著的土匪摇身变成了工农革命军。

9月11日，红日西斜，残阳如血，余洒度端坐马上，率师部和第一、四团向平江长寿街进发。忽有士兵来报："不得了，前面打仗，邱团长带着马弁大声喊'杀！杀！'"余洒度一笑置之："打仗不喊杀喊什么？"少顷，又一士兵捂着肚子来报："第一团打散了！"余洒度这才翻身下马。然而，邱国轩部已从两翼包抄上来，将所有军需物资席卷而去。第一团惨败，余洒度仿佛挨了一闷棍，傻了眼。

以师参谋长身份指挥部队的钟文璋号啕痛哭一番，不告而别。紧接着，像被传染了似的，各路大军纷纷失利——

9月14日，第三团在东门市遭敌袭击，损兵折将。

9月17日，第二团在浏阳被敌人的优势兵力包围，仅存一营人马。

秋收起义爆发地：修水

安源煤矿

铜鼓县城全景

作为秋收起义的参加者，何长工后来回忆这段历史时有了比较客观的认识："现在看来，进攻长沙是相当冒险的，是当时急于报复的进攻战略。这次也给我们一个教训：一些改编的部队非混编不可，非有我们的骨干不可！否则也不会有四团的叛变，结果吃了四团的亏，等于把国民党的一支别动队弄到我们后方来了。再有一点教训，就是没有一个目的地，没有一个落脚点，没想到家安在哪里，何处是归宿。"

各路兵马怀着沉痛的心情，陆续到了浏阳的文家市。至此，秋收起义事实上已经失败了。

秋收起义（作者：陈玉先）

参考资料

中共湖南省委党史资料征集研究委员会《湘赣边界秋收起义》协作组编：《湘赣边界秋收起义》，湖南人民出版社，1987。

文家市会议上的交锋

1927 年 9 月 14 日，毛泽东亲率的中国工农革命军第三团在浏阳东门市受挫后撤到浏阳上坪。这时，一团派往三团的联络员也带来了一团失利的消息。当天晚上，心情沉重的毛泽东在陈锡虞家召开三团干部会议，决定放弃原定攻打长沙的军事计划，部队先沿湘赣边界退至萍乡一带再说。

1978 年 12 月 10 日，上坪汤冬英老人回忆了当年毛泽东到达上坪的情景。他说："毛主席在我家住了一晚，是下午到上坪的，有一千人左右，一来就到了我家，当晚就开了一个会，有几十个人……第二天吃了早饭就往平江和江西那条路上去了。"

9 月 17 日，一团与三团会合到一处，这次起义的前委委员毛泽东、卢德铭、余洒度、苏先骏、余贲民第一次聚集到一起。当晚举行了前委会议，研究部队的现状和军事行动问题。这时又得知了二团损失更加惨重的消息，一、三团遂分别向文家市前进。19 日早饭后，部队到达文家市，被打散的二团少数战士闻讯也赶来集合。

文家市是位于浏阳东南端的一个小镇，地处湘赣两省的边界，这里四面环山，地势险要，距省会长沙市 100 多公里，与江西万载县、宜春市、上栗县毗邻。相传明代文姓族人聚居于此，逐步形成一个圩场集市，文家市也由此而得名。

19 日晚上，小小的文家市气氛显得很不寻常，里仁学校的温度仿佛骤然升高了许多。文家市里仁学校建于 1841 年，初名为文华书院，1912 年更名为里仁学校。

浏阳文家市全景

文家市里仁学校

　　整个晚上，常日安静的教室里争吵不休，喧闹不断。自从前委成立以来，前委会议第一次出现这种现象，争论的焦点在部队下一步的行动方向上。会上围绕要不要继续打长沙展开了激烈的争吵。作为两派的代表人物，前委书记毛泽东和师长余洒度在会上分别系统地陈述了自己的观点。

文家市会议旧址内景

　　师长余洒度首先提出自己的看法。这位黄埔军校第三期的毕业生对农民出身的毛泽东颇有点瞧不起，他自始至终坚持自己的观点——"取浏阳，攻长沙"。

　　应该说，余洒度与当时中央的观点还是一致的，就在这次会后的第四天，中共中央政治局委员、中央新任特派员任弼时到了长沙，同时带来中共中央政治局的指示：要起义部队继续向长沙进攻，长沙立时举行起义。

　　毛泽东提出了自己的看法：目前中国政治不统一，经济发展极不平衡，矛盾很多，而我们的力量还很弱小，必须找敌人统治最薄弱的地方下手，才能够一搏即中。这个薄弱点在什么地方呢？在农村，在山区！而在部队已经遭到损失的时候，更加应该做战略退却，退到敌人势力比较薄弱的边界地带坚持农村斗争。也有些人很不以为然，认为革命革来革去，革到山上做"山大王"去了，这叫什么革命？毛泽东耐心地说，我们这个"山大王"是特殊的"山大王"，是共产党领导的有主义、有政策、有办法的"山大王"，是代表人民根本利益的工农武装。

会议开始以来一直在沉思的卢德铭也站了起来，说："毛委员说得对。现在交通要道的城市不是我们占领的地方，如果我们攻打长沙，就有全军覆没的危险。"毛泽东心头一宽：有了总指挥的支持，前委做出的决定就能执行了。

毛泽东在文家市里仁学校的住所

第二天清晨，集合起1500余人的队伍，毛泽东向部队宣布前委做出的把部队开向敌人统治力量薄弱的农村山区去的决定。面对一张张稚嫩的却刚刚经历了血与火考验的年轻面孔，毛泽东用他惯有的通俗而风趣的语言给大家讲了向山区行进的道理。他说，革命由高潮转入低潮了，我们也要转。文家市是个好地方，但现在不能久留，这里离长沙太近了，我们要找个合适的落脚点，暂时当一段时间革命的"山大王"。

9月20日，这支队伍跟着毛泽东离开文家市，经萍乡向湘南转移。

也许当时很多当事人都不会想到文家市一个晚上的会议会对整个中国革命产生那么重大的转折性影响。几十年后，何长工作为文家市会议的亲历者，感慨地说："文家市会师是革命斗争中心由城市转向农村的关键。大革命失败以后，是继续在城市搞暴动，还是到农村去建设根据地，这是一个战略转折问题。""把以城市为中心变为以农村为中心，这是中国共产党的创举。因为中国是一个农业国，在城市，国民党是优势，我们站不住脚，只能做些秘密工作。如果我们不转到农村来，我们就会被全部消灭。这就是文家市转折，引兵罗霄山脉，步上井冈山的意义。"

文家市里仁学校操场

特别有意思的是，当时还有两个十来岁的小学生，趴在里仁学校操场一边的墙头上，目睹了毛泽东给大家讲话的这一场景。这两个小学生是一对表兄弟，他们后来都成为在中国革命史上有着重要影响的人物：一个是后来担任过中共中央总书记的胡耀邦，另一个就是英勇善战的开国上将杨勇。胡耀邦、杨勇，这两个表兄弟当时就在里仁学校上学。

参考资料

［1］中共湖南省委党史资料征集研究委员会《湘赣边界秋收起义》协作组编：《湘赣边界秋收起义》，湖南人民出版社，1987。

［2］陈钢：《井冈山革命根据地军事建设史》，江西人民出版社，2014。

［3］何长工：《何长工回忆录》，解放军出版社，1987。

总指挥牺牲

1927 年 9 月 20 日清晨，只剩 1500 余人的队伍打点行装，按原定计划沿着罗霄山脉向南开去。指挥部队的是前委书记毛泽东、总指挥卢德铭和师长余洒度。

开完昨天晚上的前委会议，余洒度一肚子怨气，按照他在黄埔军校所受的正规教育，他这个师长应该率部队攻城略地。可是，现在冒出个前委书记，外加个总指挥，他这个师长形同虚设，只有跟着他们往山沟里跑的份儿。

曾任师部参谋处处长的陈树华回忆道："22 日，我们从芦溪往南行，走了约十里路，便听见后面响起了枪声。这时余洒度叫我写书面命令，要卢指挥官率第二营占领前面那个山头，掩护后卫的到来。我举笔不定，余夺过笔说，我来写，便写了条子叫人送走了。"

显然，余洒度不甘心失去他师长的指挥棒，又以师长的身份对起义军的总指挥卢德铭发号施令。这时，革命军的队形是一团在前，三团在后，师部居中。然而枪响之后，缺少临战经验的三团却往莲花方向退却。陈树华与三团团长苏先骏冲上前去收集队伍，惊慌失措的士兵却从苏先骏的腋下穿行而过。当三团士兵溃散以后，苏先骏却把与卢德铭指挥的增援部队对阵的一伙敌人误认为是三团的士兵，他哭丧着脸对余洒度说："师长，打死的都是自己人，是我三团的呀！都打死了呀！"苏先骏一面哭叫，一面跺脚。

那时的起义部队没有统一的军服，大部分穿的还是国民革命军的军装。余洒度见苏先骏一闹，信以为真，下令停止进攻。可是对方不但不领情，反而吹起冲锋号，蜂拥而来。冲到近前，工农革命军才发现，这伙人的军帽顶上有油布，而自己人无此装束。然而，已经迟了，敌人直冲师指挥部而来。这时，苏先骏发现大事不妙，溜之大吉。

这股敌人正是江西国民党军朱培德部朱士桂营。

见形势严峻，卢德铭率两个连冲上一个山头，掩护部队向莲花方向转移。突然，一颗流弹袭来，起义军总指挥卢德铭身子一软，倒在血泊中。

卢德铭是四川自贡人。他自幼天资聪颖，在本乡念了几年私塾后，便到 70 里外的白花镇高级小学读书。小学毕业后，又到四川有名的学府——成都公学继续深造，是年 16 岁。此时，新文化之风在成都公学盛行，早期的共产主义思潮也在学校传播开来。在这里，卢德铭开始接触到《新青年》《共产主义 ABC》等进步书籍和刊物，思想受到较大影响，渐渐萌生了从戎报国的念头。1924 年年初，卢德铭从报上看到了黄埔军校招生的消息，大喜过望，做通了父亲的思想工作后，他还去宜宾漆树乡找老同盟会会员、与孙中山先生交往甚密的李筱亭，恳求他为自己向孙中山先生写了一封举荐信。但当卢德铭与同伴赶到广州时，考期已过，黄埔军校第二期学生队已开始了紧张的军校学习生活。卢德铭提出能不能让他们补考插队，校方拒绝了。

卢德铭几经努力，又找到四川籍同乡、老同盟会会员谢惠生和卢思谛，在两位老乡的引荐下，终于见到了孙中山先生。孙中山先生看了李筱亭写给他的举荐信，抬头看了看卢德铭，问道："你要投考黄埔军校，去过黄埔了吗?""去过了!"卢德铭激动地答道，"我是从四川来的，路上走了几个月，错过了考期，军校现在已经招生结束了!"他又急切地说："我立志投笔从戎，学军事以报效国家。不想考期过了，所以才来求见先生，请先生出题考我!"孙中山想不到卢德铭会提出这样的要求，沉吟片刻，说道："那好，我就来考考你!"

孙中山提笔在公文笺上写下试题"当今国民革命之首要任务"。卢德铭接过题，略一沉思，提起笔来，将平常的思索变成了一行行激情飞扬的文字。孙中山看了卢德铭的即席应试文章，不但字写得好，而且观点鲜明，有理有据，激情涌动，忠胆尽显。孙中山没有再说什么，提笔就给黄埔军

卢德铭

校写了一纸推荐信，递给卢德铭，语重心长地说道："希望你言行一致，报效革命！"卢德铭面向孙中山深鞠一躬："谢谢先生，德铭一定牢记先生教诲，报效革命，义无反顾！"卢德铭如愿以偿，被分到了黄埔军校二期辎重兵队插队学习。他十分珍惜这来之不易的机会，刻苦学习，门门军事科目成绩皆居前列，对军校政治生活也积极参加，尤喜登台演讲。孙中山来校视察时，颇为满意，说道："今后，全校学生要以卢德铭为楷模。"孙中山先生对卢德铭的赞许，一时间在军校里传为美谈。在军校的中共组织也注意到了卢德铭，很快将他发展为中国共产党党员。

此后，卢德铭以黄埔军校学生的身份参加了对叛军陈炯明的东征战役，被任命为学生军侦察队长。北伐期间，卢德铭奉调到叶挺独立团二营四连任连长，率部相继占领攸县、醴陵、长沙、浏阳。在强攻天险汀泗桥、贺胜桥的战斗中，卢德铭指挥的四连都打得相当出色，俘敌团长以下400余人。1926年10月10日，北伐军对武昌发起全线攻击，拿下了武昌城。叶挺独立团被称为"铁军"，卢德铭升任营长，后任第十一军第二十五师第七十三团团参谋长。此后，还参加了第二次北伐，进军河南等地。

1927年6月，国民革命军第二方面军在武昌筹备成立警卫团，卢德铭任团长，在团里大量安置中共党员，使这支部队完全被中国共产党掌控。

8月4日，卢德铭率警卫团2000余官兵、黄埔军校武汉分校2000余人在武汉分乘四艘轮船沿江而下，直抵九江，准备参加南昌起义。部队到达奉新后，卢德铭才知道，参加南昌起义的部队已于8月3日撤走，南昌又被张发奎部重兵占领，他便决定把部队拉到江西修水、铜鼓一带，先做休整，同时派人去找中共江西省委请求下一步行动的指示。

芦溪战斗旧址

卢德铭到武汉向向警予汇报了情况后，立即回部队传达了党的指示精神，宣布成立两湖农军总指挥部，由他担任总指挥，并开始集结各地农军，参加湘赣边界秋收起义。

可叹卢德铭在北伐战争中带领士兵冲锋陷阵，毫发未损，这时，却倒在了芦溪小镇旁一座不知名的低矮山冈上。

参考资料

[1] 陈树华：《从武汉到茶市》，载《星火燎原·井冈山斗争专辑》，解放军出版社，1986。

[2] 饶道良：《井冈山红军人物志》，江西人民出版社，2010。

宋任穷带来的密信

1927 年 9 月 26 日，毛泽东率工农革命军在细雨中进入了莲花县城。

工农革命军虽然屡受重创，但还是给莲花县城的保安队以极大的压力，因为这毕竟是一支正规军，因此，保安队未作任何抵抗便弃城而逃。工农革命军占领县城后召开了莲花县原党组织负责人会议，这次会议对于后来开展的井冈山的斗争有着非常重要的意义，因为在这次会议上，毛泽东第一次对莲花、永新、宁冈（今属井冈山市）等地的情况有了比较全面的了解。

莲花县城全景

　　就在莲花县城，一封意外的来信让毛泽东吃下了一颗定心丸。这封信是宋任穷送来的。

　　宋任穷是湖南浏阳人，原名宋韵琴，生于浏阳县乌石垅村一个破落地主家庭，后来参加农民运动走上了革命道路。作为浏阳工农义勇队的一员，宋任穷本来是要随部去参加南昌起义的，结果去晚了没有赶上，党组织命令他们在江西永修县的涂家埠待命。之后，宋任穷与余贲民率领的湖南平江义勇队会合，在江西铜鼓驻扎，表面上接受国民党江西省防军独立混成旅第三团的番号，实际上是准备参加下一步的秋收起义。因为宋任穷有文化，曾当过小学教员，便在团部秘书处做文书工作。但在起义爆发后，工农革命军队伍中却没有看到宋任穷的身影。

中共江西省委旧址

41

原来，宋任穷在执行着另一项特殊而重要的任务。后来的事实证明，宋任穷的这次任务对井冈山革命根据地的建立是至关重要的。在起义爆发之前，宋任穷就奉中共浏阳县委和工农革命军第三团党委之命，从江西铜鼓出发前往南昌，向江西省委请示部队下一步的行动去了。虽然宋任穷已是有着两年党龄的"老党员"，但当时只有十八岁的他还是第一次出远门，第一次到大城市，外面的世界在他眼里既陌生又新奇，但他无暇细看，随江西省委交通员在南昌城一个小巷子里见到了中共江西省委书记汪泽楷和省委委员刘士奇。

汪泽楷和刘士奇早年在江西的影响很大。但此后几年，汪泽楷追随陈独秀，被开除党籍。刘士奇是罗炳辉将军的入党介绍人，担任过中共赣西南特委书记，由于中央"左"倾路线所致而被免职到了上海，后又到了鄂豫皖根据地，后任红四军政治部主任。1933年受张国焘错误路线影响而遭冤杀。这是后来发生的事。

当时，汪泽楷看了宋任穷带去的信后，给了他一封用药水密写的回信。他没有告诉宋任穷信的详细内容，只对他说："你们在莲花县一带行动，宁冈县有我们党的武装，有几十支枪，其他的事，信上都写了。"宋任穷把信藏在一大堆废纸里，赶回铜鼓县城时，起义队伍已不知去向。宋任穷按照原先的约定，在莲花县境内的陈家坊找到了部队，将信直接交到了部队最高领导人毛泽东手中。

信的内容一直是一个谜。汪泽楷没有细说，宋任穷也不便多问，而收信人毛泽东看完信后也没有传达。但我们可以推断出，信中一定包括汪泽楷对宋任穷所讲的话的内容，而且毛泽东也从这封信中得到了某种支持。所以，接到宋任穷送来的信后，毛泽东便马上带着部队向着更偏僻的山沟沟里开去。

1988年5月，时任中共中央顾问委员会副主任的宋任穷上将再次登上井冈山。井冈山革命博物馆的工作人员怀着即将揭开谜底的兴奋心情访问了他，并询问那封信的内容。老将军的回答让人既遗憾又感慨。他说："当时我只负责把信送到毛泽东同志手中，党的纪律我是知道的。省委负责同志没有跟我说信的内容，我当然不便多问。由于我当时职务较低，也无从知道信的内容。我从此之后就一直跟着毛泽东同志干革命，这是我最大的欣慰。"

1988 年宋任穷重上井冈山

参考资料

[1] 井冈山革命根据地党史资料征集编研协作小组、井冈山革命博物馆编：《井冈山革命根据地》（下），中共党史资料出版社，1987。

[2] 中共湖南省委党史资料征集研究委员会《湘赣边界秋收起义》协作组编：《湘赣边界秋收起义》，湖南人民出版社，1987。

[3] 望醴：《清白在人间——汪泽楷传奇人生》（内部资料）。

[4] 宋任穷：《回忆井冈山斗争的一些往事》，载井冈山革命根据地党史资料征集编研协作小组、井冈山革命博物馆编《井冈山革命根据地》（下），中共党史资料出版社，1987。

"莲花一支枪"

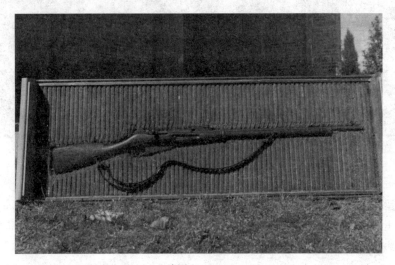

莲花一支枪

　　莲花县位于井冈山北麓，毗邻永新县，是当年湘赣边界六个县之一。在莲花县有一座名为"莲花一支枪"的革命纪念馆，它是因贺国庆一家用生命保存下来的一支步枪而得名的。

　　1926年，在湖南农民运动的推动下，莲花县掀起了轰轰烈烈的工农革命运动，全县8个区136个乡都成立了农民协会，县城成立了总工会。同时还成立了两支工农武装力量，即农民自卫队和县城保安队，两支部队共有枪支60支。工农武装成立后，为保障工农利益，强迫土豪劣绅减租减息，在全县开展平仓清谷运动，受到贫苦工农大众的热烈欢迎。

1927年，莲花农民自卫队受邀前往永新。自卫队战士绝大部分是上西一带人，其中有个班长，姓贺名国庆，又名福庆，出身贫苦，性格豪爽，敢作敢当。一天傍晚，自卫队接到永新方面传来的消息，要他们在第二天拂晓之前，赶到永新城下，配合安福农军攻城。在这次营救革命同志的战斗中，贺国庆缴到一支崭新的"俄国造"步枪，为了奖励他的勇敢，自卫队决定把这支枪交给他保管、使用。

贺国庆

1927年大革命失败后，莲花农民自卫队受到重创，参战枪支几乎全部散失。为了发动群众反击敌人，江西省农会负责人方志敏以特派员身份化名李祥松来到莲花县，分析农民受剥削压迫的原因，发动农民为维护自己的权益而斗争。方志敏的话通俗易懂，给贺国庆很大启发，于是贺国庆毅然加入了中国共产党。

9月秋收起义爆发，由于当时湘赣两省敌军力量强大，加之起义军内部哗变，起义军开始遭到严重挫折，莲花农民自卫队为配合秋收起义攻打莲花县城的斗争也失败了。这时县城大土豪李成荫与县城反动武装靖卫队勾结在一起，袭击工会、农会和县党部等机关团体，以维持地方治安为由，诱使和逼迫农民自卫队交出枪支。自卫队的少数领导在右倾思潮的影响下，以为交了枪就可以换得和平。身为农民自卫队队员的陈刚维（又名陈朝湘），剥掉了革命的外衣，暴露了反动面目，把自卫队的60支枪带走了59支投靠了敌人，参加了靖卫队。当时，贺国庆听说要交枪，趁着敌人不注意，携着枪溜回了家。为保存这支枪，贺国庆将枪拆成三部分，枪身藏在沿背村贺家祠神牌中，枪机藏在祠堂天井中的凤尾草下，子弹埋在龙山岩。后因形势紧张，贺国庆又将枪取出来，藏于湖南攸县石桥乡的一个薯窖中。自己则留在石桥，养了一群鸭，装着看鸭子，秘密照看这支枪。

　　李成荫为了找到这支枪，带着靖卫队来到贺国庆家，将他父亲贺承茂五花大绑，进行严刑拷问。老人宁死不肯说出贺国庆和枪支的下落。残暴的李成荫将老人浇上煤油，活活烧死在沿背村桥头上。噩耗传到贺国庆那里，他怒火中烧，更坚定了一个信念：要革命，要报仇，保住钢枪，等待革命高潮的到来！

莲花红色独立团团部旧址

　　1928年春季的一天，中共莲花县委负责人陈竞进来到石桥，找到了正在垅中放鸭的贺国庆，通知他回莲花狮形坳去听会议传达。原来，毛泽东率工农革命军在井冈山建立根据地后，在宁冈的象山庵召开了永新、莲花、宁冈三县县委书记会议，指示各县迅速开展武装斗争和土地革命。莲花县委决定以贺国庆保存的一支枪为基础，成立"赤色队"，开展武装对敌斗争。贺国庆迅速取出了那支枪，和陈竞进一起回到了莲花县。除夕之夜，在莲花狮形坳里，以陈竞进、贺国庆为领导的赤色队正式成立。全队17人，除了梭镖、鸟铳、马刀、棍棒之类，只有贺国庆手上有一支真正的"俄国造"步枪。1928年4月，莲花赤色队扩编为莲花红色独立团。11

月，莲花红色独立团发展到 300 余人，有枪 220 支，成为井冈山革命根据地一支重要武装。这也应了当时县委负责人朱亦岳写的一副对联："一根枪支开辟红色区域在今岁，万民团结推翻黑暗统治属当年。"

经过十年的发展，1938 年，由"莲花一支枪"发展起来的武装部队，一部分加入红六军团，经过长征到陕北，后改编成为八路军的一个部分，成为中国人民解放军驻兰州部队的前身；留在湘赣边坚持斗争的游击队也改编为新四军北上抗日，他们后来成了北京卫戍部队某部。

1928 年冬天，毛泽东以中共井冈山前委的名义向中共中央写的报告（即《井冈山的斗争》一文）中，充分肯定了"莲花一支枪"的革命斗争精神。

参考资料

［1］江西省莲花县志编纂委员会编：《莲花县志》，江西人民出版社，1989。

［2］中共莲花县委党校著：《莲花一支枪》，中国书籍出版社，2007。

"三湾来了毛司令"

在井冈山地区流传的许多歌谣中，有一首歌谣这样唱道：

三湾降了北斗星，满山遍野通通明。
一九二七那一年，三湾来了毛司令。

三湾来了毛司令，带来工农子弟兵。
红旗飘飘进三湾，九陇山沟闹革命。

1927 年 9 月 29 日，毛泽东率领工农革命军冲破国民党反动派军队的围堵，到达永新县三湾村。

虽然三湾村在今天是如此的出名，每天去游览和寻根的人络绎不绝，但在 1927 年的秋天，这里却是一个偏僻得不能再偏僻的小山村。这里异常闭塞，与外界基本没什么来往。因此，当这支上千人的队伍开进村子时，在村里引起的震动不亚于一场地震，能走得动的人都躲到山里去了。

当然，这些人后来陆陆续续都下山来了，不过那是在工农革命军做了大量的工作，而且这些人也确实看到了这是一支对百姓秋毫无犯的队伍之后。再到后来，他们就非常喜欢这支队伍了。

在三湾，毛泽东做了他进入井冈山地区以来的第一件大事。

自从起义以来，内忧外患一直夹缠着毛泽东和起义部队，部队人数也一天比一天少，毛泽东看在眼里，急在心里，但整天疲于奔命，他根本无

三湾全景

暇考虑其他的事情，现在终于可以喘口气了。于是，一进入这个宁静而偏僻的小山村，毛泽东便对这支部队进行了他思考已久的整编。军史上称为"三湾改编"。

毛泽东看到很多，也想了很多。部队屡战屡败，特别是经过芦溪一战，卢德铭如大树倒地，部队几成"惊弓之鸟"。一些人悄悄扔下枪，不辞而别。而队伍前前后后不断传来伤病员此起彼伏的痛苦呻吟，其中还夹杂着军官鞭打士兵的刺耳的皮鞭声。毛泽东眉头紧蹙地走到三湾，在此终于放开手脚，施展了一系列大动作。

首先，只剩七八百人的队伍干脆改成团的建制，军旗上的字样改成"中国工农革命军第一军第一师第一团"，黄埔军校第一期毕业生陈浩担任团长，在文家市会议上助了毛泽东一臂之力的宛希先担任政治部主任。团以下只设两个营和特务连、卫生队、辎重队。除此之外，还有一个别的军

三湾毛泽东旧居

中国工农革命军第一军第一师第一团团部旧址：三湾村钟家祠

队从来没有过的编制——军官队。

毛泽东是有他的长远打算的。一方面，军官队为以后的扩红运动迅速建立一支强大的红军部队奠定基础；另一方面，为一些带有军阀作风的旧军官很好地洗洗脑。

部队在芦溪时，前委跟着师长跑，因此才会有总指挥的牺牲、部队的减员。三湾改编的一个极其重要的内容便是加强党对军队的领导。在改编之前，党的组织在团一级，改编以后，支部建在连上，营以上设党委，班设党小组，并在连以上派党代表，全军归前委统一领导，保证了党对军队的绝对领导。从此以后，人民军队的领导权牢牢地掌握在党的手中。毛泽东在《井冈山的斗争》这篇文章中有一句话道破天机："红军之所以艰难而不溃散，'支部建在连上'是一个重要原因。"

1927 年三湾改编时中国工农革命军用过的饭盒

毛泽东对部队进行的第三项改革是建立士兵委员会，让士兵有当家做主的意识，提高士兵在部队中的地位。三湾改编以后，士兵委员会可对军队官长的工作进行监督。人民军队官兵平等正是始于井冈山。有老红军回忆，井冈山时期是"官最不像官"的时期。从三湾改编以后，就绝少看到官打兵的现象了。

士兵委员会旧址：三湾泰和祥杂货铺

参考资料

[1] 铁心：《从警卫团到工农革命军》，载《湘赣边界秋收起义》，湖南人民出版社，1987。

[2] 江西省永新县志办公室编：《永新苏区志》，南海出版公司，1990。

两个"山大王"的故事

在毛泽东未到井冈山之前，这里是两位"山大王"——袁文才和王佐的地盘。茅坪一带唯袁文才马首是瞻，井冈山大小五井一带是王佐说了算。

先说袁文才。袁文才并不是生来就摸枪杆子的人，落草之前，在当地人的眼中，他是一位知书识礼的秀才，是那个年代的一小撮人把袁文才逼上了井冈山。

1898年，袁文才出生在宁冈茅坪的马源村，是地道的客家人，七岁就进了私塾，后又到永

袁文才

新的中学读书，曾经与贺子珍的哥哥贺敏学是同学。他也曾有过做绅士的美梦，但正是那些乡里士绅击碎了他的梦想。

袁文才20岁那年，他美貌的妻子被当地土豪谢殿一霸占，自己反遭谢殿一奚落和凌辱。士可杀而不可辱。袁文才到底是有文化的人，如何受得了这样的侮辱？但谢家是当地一霸，袁文才咬碎牙齿肚里吞。他渐渐丢掉了做绅士的幻想，想借当地著名的土匪队伍——半冈山"马刀队"报复。马刀队的头目胡亚春本来就是袁文才的发小，这个时候两个人更是结为生

死之交，袁文才暗地里随同马刀队干些"吊羊"的勾当。袁文才公开走上半冈山源于一次偶然的突发事件。

袁文才出生的地方：马源村

袁文才绿林栖息地：宁冈半冈山

54

　　袁文才虽然暗地里与马刀队来往，但终究是没有不透风的墙。驻扎在茅坪的一个官兵连长宋士清带着一伙人以"剿匪"为名闯进了马源村袁文才的家，翻箱倒柜，将袁文才家洗劫一空，并在袁家杀鸡宰猪，摆起了宴席。袁文才一家躲在后山虽看得一清二楚，却也只有把牙齿咬得咯咯响的份儿。饱餐之后，宋士清涨红着脸，吹起口哨，领着一伙醉得东倒西歪的士兵扬长而去。一个正在酣吃酣饮的士兵听到哨音，稀里糊涂，抄起门背后的一根木棒就走。回到茅坪，宋士清发现少了一支枪，多了一根木棒，哭笑不得，痛打那个士兵一顿之后，带着士兵返回了马源村。而袁文才的母亲见官兵散去，便回到家里看个究竟，正好与再次返回的官兵相遇。官兵不问三七二十一，当场打死了袁母。袁文才大哭一场，掩埋了母亲，带着正在怀孕的妻子谢梅香和不满七岁的女儿正式投靠到胡亚春门下，担任了二头领，成了胡亚春的师爷。

　　1924年袁文才接受了国民党宁冈县县长沈清源的招安，当上了宁冈县保卫团团长，带着30余人入驻宁冈龙市。

　　1925年，共产党人龙超清与袁文才秘密策划了起义，将沈清源赶出了宁冈县境，成立了宁冈县人民委员会，龙超清为主席，袁文才为负责军事的常务委员。

　　1927年春夏，全国血雨腥风之时，袁文才和王新亚、王佐等率领各自的农民自卫队攻进永新县城，成立了赣西农民自卫军。袁文才为副总指挥，带着本部人马和从永新救出的共产党人王怀、刘真、贺敏学与贺子珍等人回到了宁冈。

　　说到袁文才，就不能不说到王佐。袁文才和王佐就如同一个人的左臂和右臂，在井冈山，袁文才和王佐往往以"袁王"并

王　佐

称。早年，"袁王"也确实有点儿像井冈山的阎王爷。在他们的地盘之内，他们掌握着生杀大权。与袁文才一样，王佐也是当地客家人利益的代表人物，他的出身虽不能说是苦大仇深，可也算得上是历经坎坷。

王佐幼年丧父，上有三个哥哥、一个姐姐，下有一个弟弟，六人从小寄人篱下，看尽世人的白眼。

王佐出生地：井冈山下庄村

16岁那年，王佐开始拜师学裁缝，几年之后便成为当地闻名的裁缝。一把剪刀、一把尺子，伴随他走遍了湘赣边界一带的山山水水。

井冈山独特的地形使它成为远近散兵游勇和土匪向往的藏身之地。其中一个叫朱孔阳（又称朱聋子，毛泽东从他的作战经验中吸取了不少有益的东西）的，掌握着当时最大的一支队伍。一个偶然的机会，朱孔阳看中王佐手艺人浪迹天涯的特点，邀请王佐当水客（即侦探），为他搜集附近土豪的有关情况。王佐欣然从命。

王佐独立的个性决定了他不甘久居人下，同时，他也有点儿看不惯朱孔阳及其部下滥杀无辜，以及在杀富的同时又打贫的作风，因为王佐本人也是穷人出身。不久，王佐决心另起炉灶。

王佐用当裁缝积攒下来的钱买了一支破损的毛瑟九响枪，拉起了一支杀富济贫的队伍。

袁文才（右一）等人参加吉安农民运动训练班的合影

在当时的井冈山，只要有胆量，又有枪，想起事当绿林是件很容易的事。不用害怕追兵，因为这里山高林密路远，有天然的屏障，那些本就无心"进剿"的官兵到这里往往毫无所获，甚至损兵折将而回。经过王佐的苦心经营，几年之后，王佐部成为井冈山最大的一支绿林武装。同时，他又与井冈山下茅坪的袁文才结为"老庚"（注：袁文才与王佐同年生），两人上下呼应，令官兵闻之胆寒。

受大革命的影响，王佐和他的老庚袁文才一样思想倾向进步，1927年攻打永新之后，也担任了赣西农民自卫军的副总指挥。所以，当毛泽东带领起义部队想要进入井冈山地区，便首先要了解清楚袁文才、王佐的态度。

参考资料

黄仲芳、李春祥：《王佐将军传》，解放军出版社，1990。

袁文才的"鸿门宴"

陈慕平

毛泽东带领部队还在三湾进行改编和休整时，会见了一位当时对他来说至关重要的人物。他就是毛泽东在武昌农民运动讲习所的学生，当时是袁文才重要幕僚的陈慕平。

陈慕平是井冈山宁冈人，上过中学。1926年，他协助袁文才改编农民自卫军，同年，赴武昌农民运动讲习所学习。结业后，当陈慕平意气风发地回到宁冈，准备大干一番事业的时候，正遇上了大革命失败。于是，受中共宁冈县委的派遣，陈慕平担任了袁文才农民自卫军的军事教官。

其实，毛泽东在秋收起义时就知道了井冈山地区有两支农民武装，一支是袁文才，一支是王佐，这个宝贵的情报来自当时的中国工农革命军第一师第二团团长王新亚。1927年7月，王新亚率领安福农军会同袁文才、王佐的农民武装攻打永新县城时，曾与此二人并肩作战过。而且，后来成立赣西农民自卫军时，王新亚任总指挥，袁、王二人都是副总指挥。从中共江西省委的来信中，毛泽东进一步证实了袁文才和王佐之事。所以，一到三湾，毛泽东便修书一封，由三湾村的李德胜捎给袁文才，提出"上山"的要求，希望得到袁文才的支持和帮助。

当毛泽东正在苦苦思索如何处理好与袁文才、王佐的关系时，陈慕平奉袁文才之命主动前来示好，让他大喜过望。看来，解工农革命军目前之困的出路就在此人身上。当时，与陈慕平前来三湾的还有中共宁冈县委负责人龙超清等三人。毛泽东与龙超清、陈慕平等人长谈一宿，知道了袁文才部的详细情况，而且他从陈慕平的谈话中又注意到一个细节：袁文才和王佐还是拜把子的老庚，他们在井冈山上下互为依托，同进同退。

毛泽东写了一封长信，托龙超清、陈慕平面交袁文才。临别时，为了表示诚意，给了他们每人一支汉阳造步枪。毛泽东又在信中向袁文才详细叙述了工农革命军目前的处境，并提出要在他的地盘上安置伤病员，建立留守处。

也许是被毛泽东信中表示的诚意打动，也许是出于对陈慕平的信任，行事一贯小心谨慎的袁文才很快派出代表请毛泽东10月6日到宁冈大仓相会。他初步下定这个决心的根本原因还是因为看到龙超清三人空手而去，却带回了三支崭新的枪。眼下，枪可是个好东西，枪就是命，就是吃饭的家伙，袁文才曾这样评价枪杆子的作用："枪有三个作用：第一能寻吃，第二可以防身，第三可以报仇。"能够把枪送给自己的人，至少说明毛泽东对自己是没有恶意的。

再一次见到袁文才派来的代表，并得到袁文才肯定的答复，毛泽东心上的石头落了地。10月3日，他干脆带着全部人马离开永新三湾开到了宁冈古城。当时古城这个地方还叫升乡，离茅坪又近了一步。

显然，毛泽东在古城的心情较之以前大为轻松。"三湾改编"大大改变了部队的面貌，袁文才的诚意又使工农革命军有了暂时歇脚的地方。但是，毛泽东没有歇脚，他在这里主持召开了前委扩大会议，解决理论上的一些问题，布置面临的工作。除传达八七会议精神外，毛泽东还对秋收起义做了回顾，使大家对成功与失败有了理性的认识。更重要的是，在古城召开的这个会上，决定了在茅坪建立红军医院和留守处，并对袁文才部和王佐部实行团结改造。

10月6日，毛泽东一行七人五骑，准时来到大仓村。

宁冈大仓村（1969年）

要说袁文才一点儿狐疑都没有，也是不真实的。在见面的地点上，袁文才就动了一番脑筋：在自己的老巢茅坪，怕毛泽东知道自己的"机密"；去古城，自己也有点儿不放心，于是他把地点定在茅坪与古城之间的大仓村。大仓村看似不是他的老巢，其实仍在他的势力范围之内，处处皆有他的眼线。

大仓是一个只有十多户人家的小山村，而且清一色都是客家人，这是袁文才最放心之处。在与当地土著多年的争斗中，特别是吃尽了土豪谢冠南、谢殿一父子的苦头后，他对当地土著已经极不信任——不过龙超清等人除外。

会面的地点选定在林风和的家里。林风和算得上是村中的一个大户，他家的房子背靠青山，是一栋带有吊楼的黄土夯成的两层楼房。在湘赣边界一带，一看到这样的房子就知道，这是客家人居住的地方。

送了三支枪到底不能说明全部问题，为了确保万无一失，袁文才采纳了

毛泽东与袁文才首次会面地点：大仓村林凤和家

手下人的建议，命自己的心腹周桂春安排一个排埋伏在林凤和家的屋后，一旦有变，听周桂春放炮为号，立即出动。然后又在林凤和家里安排了一干人，这些人每三人一组，守住一道门，严禁任何人出入。一切安排妥当后，袁文才与李筱甫、周桂春、陈慕平等人走到林家祠堂门口的石拱桥上迎候。

之后发生的事情，当年曾参加会面的苏兰春（井冈山斗争时期任宁冈东南区团委书记）后来回忆得非常清晰：

  大仓会见是寒露前两天，毛委员是由古城至龙市，由龙市经茶梓冲进来的。共来了七人五匹马，有的穿大衣，有的穿长衫。毛委员披了一件大衣。袁文才当时不了解毛委员的部队，心里有点怕，预先在林家祠堂埋伏20多个人，20多条枪，这20多人始

终没有被毛委员发现。袁文才、陈慕平、邱凌岳、李筱甫等在林家祠堂门口石桥上等候毛委员。在石桥上可以看得很远，如果发现毛委员带兵来，便命令祠堂里的人马准备战斗。后来见毛委员只带了几个人来，便迎了上去，一直带到林凤和家。吴石生在林家门口杀猪迎接毛委员。毛委员和袁文才等在林凤和家吊楼上边吃瓜子、花生，边喝茶谈话。

会见那天，毛委员在林家吃了午饭，他和袁文才从上午 10 点谈到太阳快落山。离开林家时，袁文才给了毛委员 1000 块大洋。其中袁文才自己 200 元，在马源坑钟家借了 300 元，在林凤和家借了 500 元。毛委员还决定赠送 100 支枪给袁文才。

大仓村石拱桥：毛泽东等人经此桥进入林凤和家

会见中，毛泽东分析了大革命失败后的国内形势，介绍了秋收起义和古城会议的情况，说明工农革命军要在这里安家落脚，建立革命根据地。同时，他热情赞赏袁文才和农民自卫军在大革命中率保卫团起义，击毙和驱逐反动县长，攻打永新城救助共产党人的革命行动；赞扬袁文才在大革命失败后，仍然坚持斗争，保存武装力量，与反动派势不两立的大无畏精神，表示自己期望同袁文才一道共谋大业。

袁文才仔细聆听。见毛委员不但穿着朴素，平易近人，且知识渊博，对时局的洞察具有独到之处，智力非凡，他被深深地吸引。

最有戏剧性的是送枪那一幕。

在会谈的过程中，毛泽东询问了袁文才的部队和枪支情况。袁文才为了不示弱，告诉毛泽东自己有100多支枪。毛泽东笑了笑，袁文才心虚地赶紧改口说，实际上能打响的仅有60多支，主要武器还是大刀、长矛、鸟铳之类。毛泽东听后说道："这很好啊！你为革命还是保住了许多枪杆子。大革命的失败使我们得到了教训，枪杆子中才能取得政权。"

毛泽东话锋一转，轻描淡写却又郑重地对袁文才说，工农革命军决定送一批枪支给他的农民自卫军。"送枪？"袁文才以为听错了，马上补问了一句，"多少支？"毛泽东竖起一根手指头："100支！"

袁文才心中大喜，吩咐部下杀猪宰鸡，盛情款待毛泽东，又悄悄地派人驱散了早先埋伏的那伙精壮汉子。

这时袁文才觉得有点惭愧，想想自己仅看到眼前的一亩三分地而打算将工农革命军拒之门外，真是目光短浅。想到此，袁文才当即表示："毛委员，我们有福同享，有难同当。伤员同志由我安置，部队粮油由我负责。"

三天之后，袁文才在宁冈龙市见到了毛泽东送给他的枪，是崭新的钢枪，那种耀眼的蓝颜色让他眼花缭乱。待点数时，工农革命军发现袁文才多派了一个人来背枪，便又加了4支枪给他，并且每支枪配备了3发子弹。最后，一帮人背了104支枪兴高采烈地回茅坪去了。

参考资料

[1] 黄仲芳、李春祥：《王佐将军传》，解放军出版社，1990。

[2] 袁建芳：《我的爷爷袁文才》，江西人民出版社，2011。

[3] 苏兰春：《回顾宁冈的革命斗争》，载井冈山革命根据地党史资料征集编研协作小组、井冈山革命博物馆编《井冈山革命根据地》（下），中共党史资料出版社，1987。

茅坪 "安家"

茅坪村群山环抱，树木茂盛（1962 年）

按照三湾会议的决策，毛泽东带领工农革命军于 1927 年 10 月 3 日来到了宁冈古城，这时，龙超清和中共宁冈县委的一班人早已等候多时了。

古城是宁冈原来的县政府所在地，因为毁于乡寇汪通手中而被弃之不用，县治迁往新城镇。相比曾经的繁华，当日的古城更显破败。一条石板路是唯一的街道，两旁是挨挨挤挤的民房和店铺。当年曾有一首民谣唱道："小小宁冈县，三间豆腐店。城内打个屁，城外听得见。"足见古城之小。然而城中的联奎书院却雕梁画栋，犹如鹤立鸡群，使人想起往日这里也曾风光一时。

毛泽东把工农革命军的团部临时设在联奎书院内的文昌宫，自己将就着睡在书院后面的厢房里。

自从秋收起义之后，除了文家市那次的前委会，前委基本就没怎么坐下来开过会了。在三湾时倒是有几天时间，可是那次解决的主要问题是部队的整编，对于起义本身的问题、目前部队的走向问题等根本就没有涉及，现在是时候了。

到达古城的当天，毛泽东就召集前委委员、工农革命军营以上的党员干部开会。另外，还邀请龙超清等中共宁冈县委负责人一起参加，实质上这就是一次前委扩大会了。这会一开就开了整整三天。

会议的内容主要有三大项：第一是总结秋收起义的经验教训；第二是讨论和袁文才农军的关系问题，包括在茅坪设立后方留守处和医院，好让革命军轻装上阵；第三就是建立根据地的事了。一路走来，毛泽东对井冈山这个地处罗霄山脉中段的地方兴趣越来越浓厚，按他的想法，要在这里建立一个军队的大本营，让部队能随时打出去，又能够在这里休养生息。

第一个问题，大家几乎没什么话可说，事实都是明摆着的。而第二和第三个问题实际就是同一件事。毛泽东使出他调查研究的看家本领，历数他一路上的调查结果，强调在井冈山建立根据地的可行性：其一，大革命时期，湘赣边界一带的群众就受过革命斗争的洗礼，觉悟较高，旁边坐着的中共宁冈县委负责人龙超清还坚持斗争到现在就是一个佐证；其二，这里远离南昌、长沙、武汉、广州等大城市，不怕敌人大举前来；其三，井冈山地势险要，进可攻，退可守，这是大家有目共睹的；其四，这里物产丰富，盛产大米油茶，吃饭是没问题了……

听毛泽东如此一说，大家在钦佩的同时，纷纷赞同。只有原师长余洒渡、原团长苏先骏等人不愿在这偏僻的小山沟里"落草为寇"。道不同，不相为谋，毛泽东也不想过多地和他们争执了。这次会后，余、苏二人便带着几个人以向中央汇报为名，不辞而别了。其实大家都明白，会议的焦点还是如何面对袁文才的问题。果然，一说到这事，大家的议论也多了起来。

茅坪红军井

按龙超清的意思，袁文才经营茅坪多年，背靠大山，工农革命军可以把伤员和辎重等放在那里。但工农革命军里却有人提出了更大胆的主张：何不来个"假途灭虢"，把袁文才杀了算了。

此语一出，即遭龙超清的反对。他也是饱读诗书之人，如何不知这四个字的含义？春秋初期，晋献公欲灭近邻的虞、虢两小国，但又怕他们团结起来对付他，于是采纳大夫荀息之谋，派荀息持美玉、骏马贿赂虞公，借道攻虢。虞公贪图小利，被荀息巧言迷惑，不听大夫宫之奇的劝阻，应允借道，并自告奋勇地要让虞军做伐虢的先锋。当年夏天，晋军在虞军配合下，攻占了虢国的下阳，控制了虢、虞之间的要地。三年之后，晋又派荀息向虞借道攻虢。晋军灭虢后随即回师，乘虞不备，袭灭虞国，生俘虞公。

毛泽东也坚决反对"假途灭虢"一说。他说："可能有的同志还不知道，袁文才是我们的同志，他在龙超清同志的帮助下，在1926年10月就入了我党了。"

通过这一路的了解，毛泽东已经深深地认识到：如何对待袁文才和王佐两支部队的问题，将是能否在井冈山站稳脚跟的关键，也是能否保存这剩下的星星之火的关键，于是针对那种"假途灭虢"的观点正色道："你们太狭隘了，度量太小啦。三山五岳的朋友还多呢，历史上有哪个能把三山五岳的山头都消灭掉？三山五岳联合起来总是个大队伍。不能只看到几十个人、几十杆枪的问题，这是个政策问题。对待袁文才同志，包括井冈山上的王佐，我们都只能采取团结教育的方针，对他们只能用文，不能用武，要使他们变成跟我们一道走的真正的革命武装，哪有自己人打自己人的道理？因此，我们不但不能做'假途灭虢'这样以强欺弱的事，相反，我们还要来个'借土兴邦'，壮大我们的事业。"

龙超清松了一口气，他知道毛泽东的这番话差不多就是一锤定音了。但有人还有担心："我们在这里商议把伤员和辎重放在茅坪，可袁文才还没表态呢！"龙超清很有信心地说："这点大家尽管放心，我与袁文才共事不是一天两天了，他的脾气我清楚。"听了这话，毛泽东才真正松了一口气。

之后，经过10月6日大仓的"鸿门宴"，袁文才终于完全相信了毛泽东和工农革命军的诚意。10月7日，工农革命军兵分两路向茅坪进发。毛泽东与何长工率后勤、军官队、教导队走大仓、莲花、马源村，团长陈浩率一、三两个营经龙市、葛田、大陇，沿大路浩浩荡荡向茅坪进发。

红军留守处：茅坪象山庵

接下来，毛泽东与袁文才商议起了伤员和辎重的事，因为工农革命军来到茅坪的目的是想在这里解决两个大问题：一个是伤员；一个是辎重。

说是把伤员留下，但又并不是仅仅留下了事，毛泽东再三思虑后，利用现有的条件，在茅坪的攀龙书院办起了一个医院。医院虽然条件简陋，却也像模像样。这所红军最早的医院里，有中医赖干华、陈金、赖章达、黄少古、谢贻阶和西医吴鹏飞等人。伤员有100多人，基本上靠中药治病。一开始是由大陇等地的药店供药，但每天要供100多人的药（后来人数还不断增加），很快这些药店就被"掏空"了，没办法，医院的医护人员便自己上山采药。

留守处设在象山庵。象山庵也属茅坪的地界，但离茅坪村却还有一段距离，除一座孤零零的庵之外，再无别的住户，确实是个隐蔽的好地方。

至此，工农革命军再一次轻装上阵了。

参考资料

井冈山革命根据地党史资料征集编研协作小组、井冈山革命博物馆编：《井冈山革命根据地》（下），中共党史资料出版社，1987。

井冈山第一位女红军

1927年10月初，当毛泽东率领秋收起义部队进入井冈山茅坪时，意外地发现袁文才的队伍里还有一位剪着短发的女学生。虽然这位女学生当时"打摆子"（疟疾的俗称），一副病恹恹的样子，但还是给毛泽东留下了深刻的印象。她就是贺子珍，井冈山上第一位中共女党员、第一位女红军。

贺子珍是江西永新黄竹岭人。她还在永新县城的福音堂女校读书时就已经得知了俄国十月革命胜利的消息，也受到了马克思主义的影响。1926年4月，当

贺子珍

永新一批在外求学的热血青年回城建党建团时，贺子珍成了永新县第一批社会主义青年团团员，不久转为中国共产党党员。

1926年9月，北伐军来到了永新，成立了以共产党和国民党左派领导的政权，还建立了国民党永新县党部。贺子珍奉我党的指示，以共产党员和国民党员的双重身份，参加了国民党永新县党部的领导工作，被任命为

贺子珍的家乡：永新黄竹岭

县党部妇女部长和共青团县委副书记，成为永新县有史以来第一位妇女部长。那年，她才16岁。不久，贺子珍又到吉安担任国民党县党部妇女部长和中共吉安县委妇委书记。

1927年6月，永新县的国民党右派勾结地主武装，突然袭击永新县城，抓捕了贺子珍的哥哥贺敏学等80多名共产党员和革命群众。在吉安的贺子珍得知消息后，立即和其他同志商量对策，很快起草了一份革命宣言，并派人赴省政府请愿，揭露国民党右派反对革命的罪行。另外又联络了宁冈、安福、莲花等几个县的工农武装，联合攻打永新县城。7月26日，宁冈、永新、安福三县农民自卫军攻克了永新城，救出了贺敏学等80多人。这时，贺子珍也从吉安回到了永新。

不久，江西、湖南两省六个团的敌人向永新扑来。为了保存革命力量，贺子珍和永新县委的同志一起随着袁文才、王佐的队伍上了井冈山茅坪，成为井冈山上第一名女兵。

1927年10月，毛泽东率领秋收起义部队上了井冈山。袁文才等人带着人马在茅坪的步云山迎接，贺子珍也跟着去了。她第一次见到的毛泽东，穿的是一身破旧的灰布中山装，脖子上系着一条红色识别带；个头很高，但很消瘦，颧骨突出，长长的头发从中间向两边分开；皮肤晒得很黑，神色上还留有经过激战后没有恢复的疲劳，但是一双眼睛很有神，显示出一种睿智、温和与毅力；因长途行军，草鞋磨伤了脚，走路有点儿不得劲。当袁文才把贺子珍介绍给毛泽东时，他有些惊讶。他没有料到，在井冈山的"头面人物"中，竟还有一位年轻姑娘。

见毛泽东脸上露出疑惑的神色，袁文才笑着解释说："她是永新县的干部，叫贺子珍。"毛泽东疑团顿释，他握住贺子珍的手，爽朗地笑着说："很好，很好，今后我们共同战斗吧！"

起初，毛泽东住在步云山，到茅坪要步行半小时。袁文才很敬重毛泽东，觉得两人住得远，不便商谈，便请毛泽东搬到茅坪，住进了八角楼。这样，毛泽东和贺子珍的交往渐渐多了起来，双方有了进一步的了解。

1928年5月，朱毛红军会师后，敌人对井冈山革命根据地发动了第一次"会剿"。为了摸清敌人的情况，军委派贺子珍带领十个红军战士潜回永新。

贺子珍把人分成两队，去了两个村庄。她去的那个庄子较大，地主武装也很强。那一天，贺子珍在一个老乡家里和战士们碰头汇集情报，突然哨兵进来报告说，地主民团带着枪来了。她要大家立即转移，并顺手将桌上的材料塞进灶膛里烧掉。敌人包围了房子，几个战士打着枪硬冲了出去。贺子珍也拔出手枪，顶上了火，准备往外冲。老乡一把拉住她，低声说："走不得了，快藏起来！"说完，把她推到床上的蚊帐后面，又让妻子用锅灰把她的脸抹黑，让她躺在床上装病，又把自己五岁的儿子抱上床，让他隔着帐子坐在床上哭。当时土布做的帐子本来就很厚，加上农村的房子窗户很小，屋子里黑乎乎的，从外面跑进来陡然一看，什么也看不清。敌人搜寻了一下，没有发现可疑情况，便急匆匆地追赶冲出去的战士了。

夜深以后，老乡才让贺子珍出来。望着这对豁出自己一家人的性命来掩护她的夫妇，贺子珍感动得半天说不出话来。直到全国解放后，贺子珍定居上海，还想方设法在永新找到这家老乡，把他们接到上海住了半年。

当贺子珍完成任务回到井冈山后，毛泽东称赞她说："你工作很出色，很有进步。过去的一个学生娃，一个小姐，今天学会怎样干革命，怎样同工农打成一片了。你成了工农分子，不再是小姐了。"

为了搞好湘赣边界的土地革命，贺子珍带着一个工作队，到了永新县塘边村。不久，毛泽东也来到这里参加试点。在这里，毛泽东超人的学识和别具一格的工作方法，使贺子珍产生了一种发自内心的敬佩之情。经过朝夕相处，贺子珍对毛泽东产生了爱慕之心。毛泽东告诉她，自己结过婚，有三个孩子，留在湖南老家，现在杳无音讯。他们终于走到了一起。

参加中华工农苏维埃第一次全国代表大会的女红军合影，前排左起为曾碧漪、彭儒，后排左起为康克清、钱希均、周月林、贺子珍

贺子珍同毛泽东结婚以后，担任了前委的秘书，负责照顾毛泽东的生活，为前委管理机要文件，还要整理记录，抄写书稿，收集报纸，提供资料等，工作琐碎而繁重。一开始，贺子珍离开了火热的战斗生活，默默无闻地从事着这种繁杂的工作，也有些烦恼，但是想到这是革命事业和全局的需要，也就甘于奉献了。正如她自己后来回忆说："我开始担任毛泽东的生活秘书和机要秘书，并为前委和湘赣边界特委管理机要文件。两只铁皮公文箱，就是我的战斗武器。从这时候起到1933年，我一直从事这项工作。我对这项工作的认识，开始并不是那么坚定、那么心甘情愿的，曾经

有过几次波动和反复，也并不是所有的人都能理解这种平凡而琐碎的工作。以后不断听到一些闲言碎语，把我看作一个赋闲的人，无所事事的人。我为此痛苦过。如果不是处在这种特殊的地位，我又何尝不能成为一个叱咤风云的女指挥员？看到有的女同志独立工作，干得很有成绩，或者在学习上有很大进步时，我既羡慕又懊丧，多年来我是多么向往那种独立的、能充分发挥自己才能和长处的战斗生活啊！遇到这种时候，毛泽东总是心平气和地开导我，我又安心下来了。"

在此后的十年里，贺子珍始终与毛泽东相伴，他们一起度过了人生最艰难的十年，也是中国革命史上最艰难的十年。十年里，不管毛泽东在政治上怎样起起落落，贺子珍始终不离不弃，在极其恶劣的战争环境中尽着为人妻、为人母的责任。同时，贺子珍又为中国革命做出了巨大的牺牲，与父母和儿女生离死别，惨失弟弟，自己在战斗中多次身负重伤……她，是一朵绚丽的井冈之花！

位于井冈山雕塑园中的贺子珍塑像

参考资料

[1] 王行娟:《贺子珍的路》,作家出版社,1985。

[2] 江西省妇女联合会编:《女英自述》,江西人民出版社,1988。

[3] 江西省永新县志办公室编:《永新苏区志》,南海出版公司,1990。

毛泽东主持的入党宣誓仪式

在茅坪设立留守处和医院之后的第二天，毛泽东便带领工农革命军开赴湘赣边界进行游击活动。

在 1927 年 10 月的整个中旬，工农革命军的活动范围一直在湖南酃县（今炎陵县）的水口村一带。在这十多天的时间里，毛泽东派出何长工前往湖南和广东一带联络朱德率领的南昌起义部队，然后他一路上都在想方设法地使三湾改编提出的"支部建在连上"的设想付诸实践，而实现这个目标就必须扩大党员的队伍。在酃县水口村，毛泽东就亲自主持了六名战士的入党宣誓仪式。

10 月 15 日上午，毛泽东在其住地——酃县水口桥头江家召开了各连党代表会议，会议在各代表提名的基础上，讨论通过了陈士榘、欧阳健、李恒、赖毅等六名新党员。会后，党代表秘密通知六位同志晚上在叶家祠开会。

当晚，叶家祠小阁楼里一灯如炬，靠北墙边放着一张四方桌，桌上放着一盏小马灯，灯下压着两张下垂的红纸，一张写着"C. C. P"三个英文字母（Chinese Communist Party 的缩写），另一张写着中共历史上第一次较为规范的入党誓词。开会的人员陆续到齐后，毛泽东走到方桌前庄严地宣布：今晚的会议是举行新党员宣誓仪式。首先，各连党代表分别介绍新党员的简历。当宛希先等党代表每介绍完一个新党员的情况，阁楼里便响起一阵热烈的掌声。接着，毛泽东走到新党员面前，依次逐个进行询问，然后，他指着红纸上写的"C. C. P"解释说："它念'西西皮'，代表中国共产党。"并指着一张纸上的入党誓词做了详细解释。

鄌县水口叶家祠

叶家祠内景

　　宣誓时，全场庄严、肃穆，毛泽东领着陈士榘、赖毅等六名新党员，举起握着拳头的右手宣读誓词。洪亮整齐的声音，在简陋的小阁楼里回荡。

　　宣誓结束后，全场又活跃起来了，新老党员互相道贺，互相勉励。毛泽东亲切地对大家说："从现在起你们就是光荣的中国共产党党员了，是我们革命军队的骨干。今后要团结同志，多做群众工作，也要严格组织生活，严守党的秘密。"

后来担任过南京军区副政委，当时是一营二连战士的赖毅有幸成为这六人之一。他回忆起这次不寻常的入党宣誓时说：

"部队到水口时，一个晚上，我和五班长李恒同志跟何成匈到了一个祠堂楼上。毛委员早来了。房间里放着几条长板凳，靠北墙一个四方桌上有两张红纸，一张纸上写着三个弯弯曲曲的外国字，一张上写着入党誓词。毛委员把那三个从没见过的外国字做了解释，原来这几个字念'西西皮'（C.C.P），就是中国共产党的意思。接着，毛委员举起握着拳头的右手带领我们宣誓：牺牲个人，严守秘密，阶级斗争，努力革命，服从党纪，永不叛党。"

这六名新党员中，陈士榘是湖北钟祥人，在井冈山时期任红四军三十一团排长，参加过黄洋界保卫战；抗战时任八路军第一一五师参谋长；新中国成立后任解放军工程兵司令员，1955 年被授予上将军衔。

赖毅是湖南平江人，工人出身，后来任红四军三十一团团部副官、团政委，新中国成立后任南京军区副政委等职，1955 年被授予中将军衔。

欧阳健是湖南华容人，在井冈山时期任红四军三十一团连党代表，后任红一军团师政委。1932 年 3 月 8 日在江西赣州地区作战时牺牲。

李恒后来情况不详。

1965 年赖毅（左二）重上井冈山

1984 年陈士榘（左一）重上井冈山

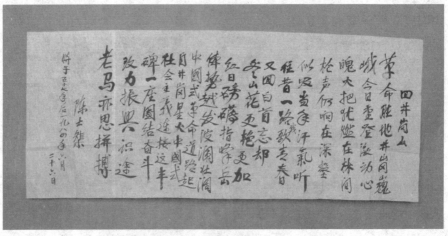

1984 年陈士榘《回井冈山》诗稿墨迹

参考资料

　　[1] 井冈山革命根据地党史资料征集编研协作小组、井冈山革命博物馆编：《井冈山革命根据地》（下），中共党史资料出版社，1987。

　　[2] 饶道良：《井冈山红军人物志》，江西人民出版社，2010。

　　[3] 赖毅：《毛泽东同志在连队发展党员》，载井冈山革命根据地党史资料征集编研协作小组、井冈山革命博物馆编《井冈山革命根据地》（下），中共党史资料出版社，1987。

三河坝的转折

　　如果说湖南浏阳的文家市是秋收起义部队的一个转折点的话，那么，广东大埔的三河坝则成了南昌起义部队的一个转折点。

　　1927年8月3日，南昌起义部队按照中央在起义前的决定，开始撤离南昌，取道江西临川、宜黄、广昌，南下广东，以期恢复广东革命根据地，并占领出海口，取得国际援助，然后重新举行北伐。

　　9月中旬，起义军一路上冲破国民党军队的围追堵截，到达广东省大埔县三河坝。此时，部队还剩下一万余人。

广东三河坝战斗遗址

井冈山

9月20日，起义军做出了分兵部署：周恩来、贺龙等率领主力向广东潮州、汕头进发；第九军副军长朱德，第十一军二十五师师长周士第、党代表李硕勋率领第十一军二十五师和第九军教导团共3000多人，据守三河坝，掩护主力南下。

起义部队在三河坝田家祠堂墙上写下的"誓死杀敌"四个大字

10月的三河坝，似乎与"三"字结下了不解之缘。

三河坝因位于梅江、汀江、韩江三条河流的汇合口而得名。10月3日，一路"追剿"起义军的国民党军钱大钧部以三师之众与朱德的三团之众，在三河坝激战三天三夜，而钱大钧部的伤亡又恰是朱德部的三倍。

10月3日到10月5日，是三河坝血雨腥风的三天。

10月3日，钱大钧以10个团的兵力首先向起义军发起了进攻。起义军以顽强的毅力，击碎了敌人一次又一次企图强行渡河的梦想，许多满载士兵的船只在河中央被击沉，而有的运兵船只因无人掌舵而在河中央团团打转，如同空中断线的风筝。敌人很快改变战术，以大炮和重机枪向起义军阵地猛烈轰击，掩护渡河的士兵。三天三夜的激战之后，起义军仍被占绝对优势的敌人包围，虽然消灭敌人1000多人，同时也付出了惨重的代价——

第二十五师的参谋处处长游步仁指挥七十三团作战时腹部受重伤牺牲；第七十五团团长孙一中负重伤；第七十三团团长王一平牺牲；第七十三团三营在营长蔡晴川的指挥下与敌人激战几天几夜，在子弹、手榴弹打完以后，与敌人展开肉搏，最后，蔡晴川与全营官兵壮烈牺牲。

弹丸之地的三河坝，每一寸土地都流淌着血水。朱德率剩下的 2000 人退出三河坝往潮汕方向开去。

行至饶平，又一个沉痛消息传来：周恩来、贺龙、叶挺等率领的起义军主力在潮汕附近的乌石山与敌陈济棠、徐景堂部激战，遭受失败，仅余 1300 余人。

何去何从？

能脱离险境，保存力量就是最大的胜利！

朱德的雄才大略在关键时刻挽救了这支弱小的部队。收拢起从潮汕退下来的小部分人马，朱德率部在饶平稍事整顿，立刻出发，经平和、永定、上杭，一路急行军，向江西方向的山区开去。此时，朱德的想法和一个月前刚刚吃了败仗而在浏阳文家市召集前委会议的毛泽东不谋而合。

1944 年，朱德在编写红军第一军团史座谈会上的讲话中提到过三河坝这次历史性的转折：

"起义军南下途中，右翼支队由我率领，在三河坝虽然失败，但没有被完全打垮。我们由福建退至江西，开始被迫上山，被迫进行游击战争。这有一个好处，从此以后，即开始转入正确的方向——游击战争的方向。不是采取过去占大城市的办法，而是实事求是，与群众结合，发动群众起义，创建根据地。"

当时，朱德和毛泽东的想法惊人地相似，那就是要找到一块能站稳脚跟，然后打出去的根据地。

参考资料

[1] 粟裕：《激流归大海》，载井冈山革命根据地党史资料征集编研协作小组、井冈山革命博物馆编《井冈山革命根据地》（下），中共党史资料出版社，1987。

[2] 中共中央文献研究室编辑委员会编：《朱德选集》，人民出版社，1983。

"卖狗皮膏药"的陈毅
与"赣南三整"

　　三河坝之战后，连遭打击的南昌起义余部虽然摆脱了国民党正规军的追击，但是却损失惨重，连地方武装、反动民团，甚至山野土匪都可以来欺负一下。10月的山区小道上，寒冷、饥饿、疾病和消沉的意志伴随着这支沉闷的队伍一起向北走去。

陈　毅

　　一路上，不停地有人从这支队伍中走出去，有开小差的，还有带一个班、一个排，甚至一个连公开"开大差"走的。

　　在不停地应付来自四方射向这支弱小部队的各种明枪暗箭的同时，朱德迫切希望有人能站出来协助他稳定军心。这时，陈毅从队伍中站出来了。

　　陈毅是在人们不解、冷漠甚至是鄙夷的目光中站出来的。

　　陈毅21岁时就开始在重庆编辑《新蜀报》。1926年，他25岁，协助北伐军做兵运工作，第二年调到黄埔军校武汉分校做政治工作。南昌起义前夕，他奉命率武汉军校学员从武汉出发，准备到南昌参加这次起义。他们8月2日出发，乘船沿长江而下，8月4日船到九江后，这些学生就被张发奎缴了械。

陈毅赶快下了船，与特务连连长一起，一夜走三四十里路往南昌方向赶去。因为兵变，沿途到处关门闭户，陈毅等人只好在树林里休息。待6日晚上陈毅赶到南昌时，连起义军的影子都看不见了，满街上都是张发奎的兵，到处叫骂共产党，杀共产党。陈毅不敢多待，好容易听说了叶挺、贺龙率起义军已向临川方向开去，便连夜拔腿出了南昌城，几经周折，终于在临川、宜黄一带追上了起义部队。

前委书记周恩来亲自分配陈毅到号称"铁团"的主力部队第七十三团当政治指导员，并笑着对他说："派你干的工作太小了，你不要嫌弃。"陈毅报之以爽朗的笑声："什么小不小呢，你叫我当连指导员我也干，只要拿武装我就干。"

陈毅就这样加入了南昌起义的部队。可是，在当时共产党处于地下，而政治思想工作在军队中又是最被人看不起的情况下，陈毅在部队中的地位可想而知，甚至有人说，像陈毅这样做政治工作的人就是"卖狗皮膏药"的。而陈毅来到这支部队尚不到三个月，又只是一位团级干部，在这种情况下出来协助一军之长的朱德，其压力更是可想而知的。

1927年10月底，当部队进入赣南地区时，已经到了非整顿不可的地步了。这次在赣南分别进行了安远天心圩整顿、大庚整编、崇义上堡整训，史称"赣南三整"。

"赣南三整"首先从整顿纪律开始。

参加南昌起义的部队，在敌人的围追堵截下，一路退却，军心不稳，十分散乱。由于部队人数越来越少，原有的编制已失去了组织领导作用，有的军官甚至怕坏分子从背后打黑枪，便睁一只眼闭一只眼，不敢过问。这样，破坏纪律的现象越来越严重，到达信丰县城时，纪律问题已空前突出。

信丰县城在当时是一个繁华的小镇，商店、酒楼、当铺、钱庄应有尽有。一路退却、饥肠辘辘的部队到了这里，有的人便一头扎进了酒楼饭馆大吃大喝，完了，嘴一抹便走人。

天心圩整顿旧址

大庾整编旧址

崇义上堡整训旧址

这还算轻的，还有更严重的。

有几个兵油子竟然闯进当铺，把手榴弹往柜台上一放，故意把导火索掏出来，说："老板，称称有多重，当几个零花钱。"老板的膝盖哆嗦得把柜台撞得直响。

事情终于传到了陈毅的耳朵里，他马上下令："号兵，发生敌情，吹紧急集合号，命令部队马上转移出发！"陈毅带着部队一口气跑出信丰县城20多里，在一个小山坳就地召开全体军人大会，宣布执行严肃的纪律。末了，三个破坏团结、煽动逃跑、抢劫勒索、严重损害红军声誉的家伙被推上了断头台。

从此，军中再没人说陈毅是"卖狗皮膏药"的了。

整顿期间，朱德发表了精辟而振奋人心的讲话，鼓舞大家的革命信念。朱德用1905年俄国革命失败的历史教育启发官兵，他说："同志们，愿意继续革命的跟我走，不愿革命的可以回家，不勉强。不过，我是要坚决革命的。希望大家无论如何都不要走，我们可以到农民运动基础较好的地方去站稳脚跟。""1905年的俄国革命失败了，留下来的'渣渣'就是十月革命的骨干。我们这次就等于俄国的1905年，我们只要留得一点人，

在将来的革命中间就要起很大的作用。过去那个搞法不行，我们现在'伸伸展展'来搞一下。"

陈毅说："朱军长是老党员，1922 年就是党员了。你们看，师长走了，党代表走了，团长走了，参谋长也走了，军长他还不走，不错啊！我们要拥护他。我们要经得起失败局面的考验，在胜利发展的情况下，做英雄容易，在失败退却的局面下做英雄就困难多了，只有经过失败考验的英雄，才是真正的英雄。"

"赣南三整"分别从思想、组织、纪律、军事等几个方面进行了全面整顿，大大提高了起义部队的战斗力，部队面貌焕然一新。南昌起义军的"赣南三整"，和秋收起义部队的"三湾改编"一样，在人民军队的建军史上都具有重要的地位。"三整"把思想教育、组织整顿、军事训练三者结合起来，起到了团结同志、巩固部队的作用。它不仅对人民军队的创立起到了极其重要的作用，还为以后的整党、整军提供了可以借鉴的宝贵经验，为人民军队的巩固与发展产生了深远的影响。

参考资料

粟裕：《激流归大海》，载井冈山革命根据地党史资料征集编研协作小组、井冈山革命博物馆编《井冈山革命根据地》（下），中共党史资料出版社，1987。

朱德与范石生的统一战线

统一战线、武装斗争、党的建设，是中国共产党在中国革命中战胜敌人的三大法宝。朱德率领南昌起义余部在转战粤闽赣边界的过程中，就成功地通过统一战线，保存和发展了革命的武装，为后来上井冈山与毛泽东部胜利会师奠定了基础。

1927年冬天，朱德率领的南昌起义余部虽经"赣南三整"，解决了思想、政治和组织等问题，但困扰部队的给养问题一直没有得到解决。就在这个时候，朱德听说他在云南陆军讲武堂的老同学范石生率国民革命军第十六军驻扎在湘南粤北一带。

朱德对范石生是再了解不过了。两人是云南陆军讲武堂的同班同学。范石生出身书香门第，是清末秀才，后来到蔡锷部任文书职，不久考入云南陆军讲武堂。在讲武堂时，朱德、范石生最为要好，以至结为金兰之交。

在这里听说了范石生的消息，朱德认为是一个大好的机会。让朱德感到高兴的是，他还没与范石生联系，范石生倒先派了他的副官韦伯萃到了朱德的驻地崇义上堡镇，并直截了当地向朱德提出：范将军希望能与贵部合作。

范石生主动伸出援手，朱德并没有感到意外。早在南昌起义前，共产党就与范石生的第十六军保持着密切联系，不但十六军内部有共产党的组织，而且范石生也有同共产党联合进驻广东之意。南昌起义部队南下时，周恩来还特地给朱德写了一封介绍信，以备可能同范石生发生联系时

使用。

云南陆军讲武堂

1918年云南陆军讲武堂第一期部分学员在四川泸州的合影。前排
左二为朱德，左四为范石生

1926 年，当范石生部改编为国民革命军第十六军后，需要成立政治部，周恩来叫王德三（云南祥云人，曾任中共云南省委书记、黄埔军校教官）安排，王德三于是介绍了共产党人余少杰、王西平、韦济光、夏崇先、马季唐、饶继昌、李静安、赵庄传八人到十六军报到，分任政治部秘书、科股长等职，并兼任各级部队的党代表。四一二政变后，蒋介石下令各军清党，范石生的回答是："我军并无一个共产党员，若有共产党人，则我军老早就整顿好了。"

其实蒋介石和范石生的矛盾由来已久。蒋介石一向把滇军看作杂牌部队，范石生则看不起蒋介石。范任驻粤滇军第二军军长时，蒋还是粤军许崇智的参谋长。1923 年孙中山大元帅指挥东征，申讨叛贼陈炯明，在一次军事会议上，蒋要求发言，范当时以会议主席的身份，傲慢地问蒋介石："你叫什么名字？"蒋回答后，范又问："你要讲什么？"蒋当即畅谈起自己对作战的看法，想引起与会者的重视。不料范石生不等他说完，就"嘘"了一声说："算了吧，你说得轻巧，拾根灯草！"蒋介石当场尴尬异常。但是蒋介石能屈能伸，事后，他竟能不避宿怨，前往范宅拜见。

三十年河东，三十年河西。后来范石生寄人篱下，孤立无援，但又急于扩大实力，希望找到可靠盟友，借以捞取和蒋讨价还价的资本，因此才会与共产党人有一些合作。而范石生会主动向朱德发出联合的信号也就不难理解了。

几乎没经过什么讨论，朱德、陈毅、王尔琢等将领就与范石生部的合作达成了共识。朱德向范石生提出的在组织上独立、政治上自主、军事上自由三大原则，范石生也无异议。

朱德很快修书一封，托韦伯萃面交范石生。不久范石生的回书便到了。看到范石生一手漂亮的小楷，朱德倍感欣慰。范石生在信中写道：

玉阶兄台鉴：

　　春城一别，匆匆数载。兄怀救国救民大志，远渡重洋，寻求兴邦立国之道，而南昌一举，世人瞩目，弟感佩良深。今虽暂处逆境之中，然中原逐鹿，多方崛起，鹿死谁手，仍未可知。来信所论诸点，愚意可行，弟当勉力为助。兄若再起东山，则来日前

程不可限量矣！弟今寄人篱下，终非久计，正欲与兄共商良策，以谋自立自强。希即枉驾汝城，到日唯处一晤，专此恭候。

当时，范石生手下有三个师长：张浩、曾日唯、赵超，且都是朱德在云南陆军讲武堂的同学。朱德一眼就从信中看穿了范石生的心思。范石生人在广东韶关，却要朱德去湖南汝城和曾日唯共商良策，不言而喻，曾日唯对他这个老同学还信不过。朱德决定亲自前往汝城，让曾日唯心服口服。

朱德赶到汝城与曾日唯整整谈判了两天，终于达成了协议：

一、朱德部是共产党的部队，听从共产党的调动。

二、补充的物资完全由朱德支配。

三、来去自由。

协议一达成，范石生就从韶关赶到了汝城。朱德与范石生达成的最后协议使朱德不仅暂时喘了一口气，甚至还阔气了几天。

朱德的部队使用第十六军四十七师一四〇团的番号，朱德化名王楷，任一四〇团团长。范石生向老同学展示了一下他的大方，当场发给一四〇团一个月的薪饷和冬装，连毯子、行军锅、背包带、绑腿、干粮袋、洋镐、十字锹、水桶，也统统补充齐全，并且每支步枪发给二百发子弹，机枪一千发子弹，坏的枪炮优先修理。

也许是觉得让昔日的"金兰之交"在自己的手下当一个团长太委屈了，范石生又给朱德挂了第四十七师副师长和十六军总参议两个虚职。这一段时间，朱德常以十六军总参议的身份到范石生的司令部去畅谈。两位讲武堂的好友此番重聚，海阔天空，无所不谈，可谓是快意人生。自从受制于蒋介石以来，这一段日子可能算是范石生最愉快的时光了。

正当朱德与范石生谈笑风生之时，蒋介石却嫌他们的笑声太刺耳了。

两个月之后的1928年1月，范石生接到蒋介石的一封密电："为发觉在范军隐蔽着的王楷其人，即系共匪朱德的化名，范立即解除其武装，将朱德逮捕解系正法……"

范石生终不忍加害朱德，他修书一封，派秘书杨钟寿和副官孙开科送至朱德，信写得言辞恳切，最后还叮嘱朱德：为了避免部队遭受损失，你们还是要走大路，不要走小路，最后胜利是你们的。

朱德临行之际，范石生又派人奉送上几万大洋，以资盘缠。

参考资料

郭军宁：《朱德与范石生》，华文出版社，2001。

澡堂里的奇遇

在井冈山斗争时期，何长工称得上是一位重要人物。在井冈山发生的许多大事，何长工都是直接参与者，深得毛泽东的器重与信赖。

1927年10月，当毛泽东在湖南酃县十都向何长工交代任务，要他去找中共湖南省委及湘南特委，并且打听南昌起义部队的下落时，何长工二话没说就答应下来了。

临行前，毛泽东对何长工说："你这个人有不少社会关系，又有一定的社会经验，别人没有办法，你这个人搞点侦察还是可以的。"从这句话看得出，毛泽东对何长工是非常了解的。何长工越是在危急关头，越是能妙计百出。

何长工接受任务后，便化装成一个逃兵，往长沙方向走去，刚走到酃县沔渡，便被酃县民团头子贾少楝的部下抓住了。抓住之后，便插上标牌准备杀头。但是杀头之前，何长工忽然长叹一声便缄口不言。贾少楝追问道："你叹什么气？"何长工说："你还杀我干什么？你们自己马上就要呜呼哀哉了。"贾少楝问："为什么？"何长工说："毛泽东的队伍马上就要到这里来，你们还有命啊？"贾少楝问："毛泽东现在在哪里？"何长工说："今天到酃县宿营，从你们这里过。"

贾少楝一听，也顾不上杀人了，把何长工押上就走，一口气赶到茶陵坑口。这一天晚上，何长工与被抓来的20多人关在一起。何长工便串通大家一起喊了一个通宵的"冤枉"。

第二天，贾少楝正要杀何长工时，一个士兵却担心地向贾少楝说：

"这个人自称姓何，听口音，又是湖南人，会不会和何键有什么瓜葛？"贾少棣想不到抓一个何长工抓来这么大的麻烦，便叫人把何长工连同其余抓来的人全部放了。其他的人走光了，何长工却赖在那儿不走了。

贾少棣更感到何长工不同寻常了。何长工却还说："报告团长，你把我留下当一个马夫吧。"贾少棣问："你为什么不愿意离开？"何长工说："我是从毛泽东队伍里开小差出来的，找我哥哥去的。你们的地方关系太复杂，我反正走不了，就不走了。"

贾少棣悔不该当初抓了何长工，事到如今，一心只想早点打发何长工走，以免招来不必要的麻烦。他想了一下说："好吧，我给你开个路条，这一带的民团都和我有交情。"

正中下怀！何长工接过条子，头也不回地走了，一路果然顺当无比，直抵长沙。向中共湖南省委汇报只是何长工此行的目的之一，他还有更重要的任务，那就是寻找南昌起义部队的下落。

何长工在省委拿了56块大洋的路费，按照省委的指示直下广州。11月底辗转到了广州，却正碰上广州起义，城里一片混乱。好不容易打听到朱德曾在三河坝一带活动，广州往韶关的火车又不通了。

之后，何长工躲在一个旅馆，苦等火车通车。这时，国民革命军新编第十三军军长方鼎英的太太正好也住在这家旅馆。何长工为了躲避搜捕，学会了推牌九，大把输钱给方太太。整整十天之后，何长工才搭上了广州开往韶关的火车。这时已经是12月20日，他离开井冈山已经两个多月了。

一路旅途劳顿，风尘仆仆，何长工赶到韶关时，十分劳累，一下车就住进旅馆，接着去洗澡。在这里，何长工算是真正体会到了什么叫"踏破铁鞋无觅处，得来全不费工夫"。

韶关驻扎的正是范石生的第十六军，当时正好有几个军官与何长工在一起洗澡。水汽蒙蒙的，谁也看不清谁，所以，那几个军官也就不怕泄露军机，大声地扯着闲话。一个说："王楷的部队到犁铺头了，听说他真名叫朱德，是军座在云南的老同学，还是金兰之交哩。"

听到朱德就在犁铺头，何长工的呼吸都要止住了，想不到几个月来的辛苦，抵不上在这里洗一次澡。

另一个又说："虽说是金兰之交，到底十几年没见过面了，我倒是听

广东韶关犁铺头

说那是一支共党集中的部队，我们对他有严密的戒备。"

何长工还想再听，见他们已经不说了，就三下两下洗完澡。看看钟，已经下半夜一点了，可是他又实在等不到天亮，便马上离开韶关向西北方向的犁铺头走去。

在广东待的时间长了，何长工发现了一个秘密：华侨在广东地位非常特殊，一般军队对这些人不太过问和盘查，因为这些人身世各异，有的很有背景。于是，何长工也装扮成华侨的样子，身穿新款西服，外罩黄呢子大衣，脚蹬锃亮的黄皮鞋，如同小康子弟的模样。

这一招还真管用，何长工居然一路顺风，到了犁铺头。但是，何长工没有想到，待找到朱德的司令部时，反被朱德的部下给绑起来了。

幸亏一进司令部的大门便遇见了蔡协民，蔡协民曾与何长工在洞庭湖一带做过秘密工作，与何长工岂能不熟？所以，何长工一见蔡协民便大叫"我是何长工"。

　　蔡协民细一端详，赶紧给何长工松了绑，惊讶地说："老何，是你！你怎么来了？委屈你了，你不知道我们寄人篱下过日子，不得不防啊！"何长工很快便见到了朱德和陈毅。何长工和陈毅是留学法国巴黎时的同学，而对朱德则是久闻大名，今日才得一见了。

　　也许是职业革命家的习惯，或者是看着何长工一身假洋鬼子的打扮有点不顺眼，朱德对何长工的欢迎不像何长工想象中的那么热烈，反而查问起何长工。从武昌警卫团到井冈山，从井冈山各县党组织领导人到秋收起义部队领导人，都仔细查问了一遍。幸亏何长工不是冒牌货，不然可真露馅了。

1977 年 3 月何长工重上井冈山

　　考查清楚，朱德才真诚地对何长工说："我们跑来跑去也没有个地方落脚，正要找毛泽东同志呢！前些天刚刚派毛泽覃同志到井冈山联系去了。"

　　目的达到，任务完成，何长工第二天便辞别朱德、陈毅和蔡协民等人，回山复命。

　　而这时的井冈山，也即将进入春天了。

参考资料

［1］何长工：《何长工回忆录》，解放军出版社，1987。

［2］何长工：《伟大的会师》，载井冈山革命根据地党史资料征集编研协作小组、井冈山革命博物馆编《井冈山革命根据地》（下），中共党史资料出版社，1987。

毛泽东勇当排头兵

排头兵的故事（油画作者：孙向阳）

　　1927年10月中旬，毛泽东率领工农革命军到达湖南酃县的水口，得知敌人有两个团的兵力分两路从茶陵开来，向工农革命军进攻，毛泽东当机立断，派第一营二、三两个连，由党代表宛希先带领，从水口出发，往湖南安仁、茶陵游击，扰乱敌人后方，打破敌人的进攻计划；毛泽东亲自

率三营、一营的一连和团部特务连沿湘赣边界游击，以扩大政治影响，解决经济给养问题，并与湘南各县的农军取得联系。

水口分兵后，毛泽东率部经酃县的中村、下村等地，向江西遂川方向前进。10月22日，毛泽东率领工农革命军为解决部队的冬衣和给养问题，南进到遂川大汾。但是部队刚驻扎不久，遂川县反动地主武装、县靖卫团团总，人称"萧屠夫"的萧家璧就派人威胁工农革命军，扬言不准革命军驻扎：如果不走，就要拔刀相见。

接到萧家璧的信后，有人认为，工农革命军是堂堂的正规军，对付这种地方上的小蟊贼还是绰绰有余的，要打就打，有什么大不了的？因此并不放在心上。

23日一早，萧家璧果然带着三四百名靖卫团团丁，向部队驻地发起了突然袭击。由于部队远道而来，鞍马劳顿，加上人生地不熟，仓促应战，被萧家璧打得七零八落，溃不成军。在战斗中，担任前卫的工农革命军第三营与团部失去联系，营长张子清、副营长伍中豪带领部队向南经遂川县左安转往上犹、鹅形等地，按计划进入湘南桂东。与三营失去联系后，毛泽东率团部、一营一连、特务连到达遂川县黄坳，在这里收集失散人员，并担负掩护部队集结的任务。这时，毛泽东身边只剩下30多人。

遂川大汾工农革命军遇袭遗址

排头兵的故事就是这时发生的。

连着几天的日夜奔波，战士们个个都是疲惫不堪，唉声叹气的。这时已是下午两三点钟，早过了吃中午饭的时候了，可是大家连早饭都没有吃。毛泽东赶紧吩咐大家先煮饭吃，但炊事员没有突围出来，做饭的锅子也找不着了。毛泽东找来了特务连党代表罗荣桓，要他带几个战士到老乡家去买点吃的。过了一会儿，罗荣桓和几个战士抬了一个箩筐过来，里面是从老乡家找来的一点剩饭和泡菜、辣椒等。但匆忙之中，却没有找到碗筷。

见此情形，毛泽东和大家一起，伸手从饭箩中抓着吃。当时一直跟随在毛泽东身边的谭政回忆：

"第一营的一连以及团部、特务连由毛泽东同志带领，部队虽然没有损失好多，但每一个人都很狼狈，毛泽东同志也只穿了件长袍子。大家吃了饭，他还没吃饭，后来搞到了饭又没有东西盛，就用衣服兜，用两根树枝当筷子。"

饭后，大家仍然打不起精神来，三三两两散坐在地上。这时，毛泽东站起来，朝中间空地迈了几步，双足并拢，身体笔挺，精神抖擞地对大家说："现在来站队，我站第一名，我当排头兵，请曾连长喊口令！"特务连连长曾士峨连忙集合队伍。

毛泽东的脚因为行军已被草鞋磨烂了，衣服也破了，但是他长发下的那双眼睛炯炯有神，高大的身体威风凛凛。大家看到毛委员做了排头兵，精神为之一振。毛泽东那坚强、镇定的精神，强有力地感染了战士们。他们一个个都振作起来，鼓起战斗的勇气，充满信心，并迅速提枪站好队，向着他那高大的身躯看齐。随后，一些失散的人员也闻讯赶到黄坳。在毛泽东这个"排头兵"的带领下，部队雄赳赳气昂昂地向井冈山上挺进。

罗荣桓在回忆文章《秋收起义与我军的初创时期》中写道：

> 二连一共剩下 30 多个人，稀稀落落地散坐在地上。要煮饭吃，炊事担子也跑丢了，肚子饿了，只好向老百姓家里找一点剩饭和泡辣椒。没有碗筷，毛泽东同志和大家一起，伸手就从饭箩里抓着吃。等大家吃饱了，毛泽东同志站起来，朝中间空地迈了

几步，双足并拢，身体笔挺，精神抖擞地对大家说："现在来站队！我站第一名，请曾连长喊口令！"他的坚强、镇定的精神，立刻强有力地感染了战士们。他们一个个都抬起头来，鼓起战斗的勇气，充满信心，提着枪就站起来，向着他那高大的身躯看齐。接着一营一连就赶上了，队伍向着井冈山进发。

毛泽东在黄坳的旧居：黄坳地母宫

后来，张子清、伍中豪率领的第三营到了湖南桂东和江西上饶一带活动，并与朱德部队取得联络，得到了装备和武器弹药的补充。12月，按照朱德的指示，在工农革命军第二次攻打茶陵县城时归还建制，重回井冈山。

参考资料

罗荣桓：《秋收起义与我军的初创时期》，载井冈山革命根据地党史资料征集编研协作小组、井冈山革命博物馆编《井冈山革命根据地》（下），中共党史资料出版社，1987。

"不拿农民一个红薯"

1927 年 10 月 23 日晚，毛泽东率领的工农革命军在经过遂川大汾的挫折后，仍然收拢失散的部队赶到了荆竹山。

荆竹山位于井冈山的西北面，山中有一个小村，村子沿一条清澈的小溪而建，呈狭长形。它的一边是高耸入云的犹如锯齿一般的笔架山，一边是宽厚连绵的平水山。在当时，荆竹山是井冈山通往湖南酃县的一条捷径。沿山脚下的村子是零星的黄土干打垒的民房，居住着几十户客家人。山腰中则长满了荆竹，荆竹山也就因此得名了。

在来荆竹山的当晚，毛泽东与王佐派来的代表朱持柳抵足而谈，一夜无眠，对王佐及其部队有了更深入的了解，这对革命军下一步的行动无疑是大有裨益的。

24 日一大早，毛泽东便集合起部队，站在一块田间的大石头上，向部队讲话。大家以为毛委员要和大家讲井冈山的有关情况，却不料他向部队宣布了"三项纪律"：第一，行动听指挥；第二，打土豪筹款子要归公；第三，不拿农民一个红薯。

接下来，部队向大井村出发。

原来，就在昨天晚上，毛泽东从朱持柳那里了解到，一个外乡人在大小五井一带买一个鸡蛋这样的小事，不久也会被报到王佐那里，看来，这个王佐可不是一个简单的"山大王"。这是一个会穿针的张飞——粗中有细。要与王佐及其部队搞好关系，纪律方面可是一大问题，因此才有了前面的一幕。

其实，毛泽东之所以在进入大井之前向部队宣布"三项纪律"，并不是匆忙之举，也不单是因为要与王佐部队搞好关系，而是一路走来深思熟虑的结果。

上山路上发生的一些事情，让毛泽东有了给部队定规矩的想法。工农革命军的队伍在长途行军中，特别是被萧家璧的民团骚扰之后，伙食担子也跑散了，大家又饥又渴，只有二百来人的队伍行进在山道上，稀稀拉拉地摆了二三里路长。好不容易发现了一户人家，这时，不知是谁眼尖，发现离屋子不远的山坡上有一块红薯地，大家听见这个消息，不由得一拥而上，连泥带苗拔出红薯，也来不及找点水洗洗，用衣袖胡乱地揩一揩，就塞进嘴里吃了起来。转眼间，地里的红薯就所剩无几了。

这时，毛泽东随殿后的队伍也赶上来了，看到这一情景，他很生气，忙问在场的几位干部："你们经过了老表（江西乡下对成年男子的客气称呼）的同意没有？"连长曾士峨难为情地摇摇头，小声地说："没有。"

作为一位政治家，毛泽东的眼光总是要比别人看得远，看得深，而且总是能通过事情的表面看到它的本质以及这件事情的结果和它所带来的长远影响。毛泽东对大家说："我们是工农革命军，不是军阀的队伍，怎么能随意侵犯群众的利益呢？像现在这个样子，我们和旧军队有什么区别？"

听了毛泽东的批评，大家都羞愧地低下了头。毛泽东又耐心地说："几个红薯值不了几个钱，看起来是件小事，但体现了一支队伍的作风和纪律。过去旧军队已经让群众伤透了心，我们只有做到对群众秋毫无犯，才能得到群众的支持啊！"说完，他又问战士们："现在怎么办啊？"

吃了红薯的战士从毛泽东的态度也能看出来这错误犯得不轻，于是异口同声地说："照价赔偿！"

曾士峨

毛泽东这才露出了欣慰的表情。

那时候，2吊500文钱可以买100斤红薯。曾士峨估算了一下，要大家凑足6吊钱，并附上一张纸条，上面写着："老表，很对不起，没经过同意就挖了你地里的红薯。现赔上六吊钱。——工农革命军。"然后用纸包好，又用一块布裹了一层，埋在红薯地边上。

当时毛泽东还只是产生了一个给部队定规矩的初步想法而已，与朱持柳一夜长谈之后，毛泽东觉得此事宜早不宜迟。于是，第二天一大早他便把部队集合起来，给大家宣布了"三项纪律"。

随着"三项纪律"在偏僻的荆竹山应运而生，那块当年毛泽东站过的、被当地群众称作"雷打石"的大石头，也因此被写进了党史军史中，成为历史的见证。

荆竹山雷打石

参考资料

陈士榘：《三大纪律六项注意的由来》，载井冈山革命根据地党史资料征集编研协作小组、井冈山革命博物馆编《井冈山革命根据地》（下），中共党史资料出版社，1987。

毛泽东初会王佐

　　1927 年 10 月 24 日这天，毛泽东率领部队跨进大井村的地界时就看到了这样的场景：在大井一个叫学堂排的地方，聚集了上百号人，都用左手高举着枪、鸟铳或大刀，庄严地立在路的两旁；路中间迎面是四头大肥猪架在凳子上。

大井村

四头肥猪的嚎叫响彻整个大井村，一时之间，村里的男女老少，纷纷拥向学堂排，于是又平添了几分的热闹。

大井学堂排

毛泽东见王佐用如此隆重的仪式来迎接自己和工农革命军，也不禁动容，特别是刚刚在遂川大汾吃了败仗之后，再看到王佐如此盛情，内心的那份感动和亲切感便如抑制不住的山泉水，自然而然地喷发出来了。

毛泽东和王佐两人同时翻身下马，两双手握在了一起。

早两天王佐就为毛泽东和工农革命军安排好了住处，这时便径直引着毛泽东向大井的新屋下走去。

大井是大小五井一带最大的一个村庄，故名为大井，其他的村庄根据大小和方位分别名为中井、小井、上井、下井等，均为客家人居住地。这新屋下就是一位姓邹的客家人建的房子。房子位于大井村的中央"田心里"，五个天井，共有44间房，面积近千平方米。房子建好后，因为是一栋引人注目的大新屋，所以大家又把"田心里"这个地方称为"新屋下"。

房子里外均用石灰刷得雪白，与旁边的黄泥屋子比起来格外显眼，所以人们又习惯称之为"白粉屋"。

早先王佐把这栋气派的白粉屋征为兵营，但赶在毛泽东到来之前又全部腾空了，让给工农革命军作营房。王佐把毛泽东安排在屋子右边靠最后的厢房，自己则住在紧邻毛泽东的另一间稍前的房间。

没见到毛泽东之前，在王佐的眼里，毛泽东无疑是一位钦差式的人物，这是他从老庚袁文才的来信中，对毛委员崇敬的语气中揣摩出来的。而毛泽东一下就给袁文才送了一百支枪，又让他觉出了毛泽东的大方和大气。如今，毛委员就坐在自己的面前，那卓尔不群的气质很快就折服了这位在绿林中摸爬了七八年的山大王。两个同是农民出身，而今又都投身革命的人很容易就找到了共同语言。

与毛泽东初次交谈后，王佐的面前打开了一个全新的世界，许多东西是王佐闻所未闻的、想所未想的，但仔细一琢磨，又句句都是大实话，让王佐打心眼里佩服。因此，在两人尚未就合作进行实质性的交谈时，王佐已经深深地为毛泽东所折服了。

同时，毛泽东对王佐的绿林生涯也充满着好奇之心，特别是大革命遭到失败，各地的农民武装纷纷缴械，而王佐独立山头，尚能保存着60多支枪，在毛泽东看来，不能不说是一个奇迹。王佐面对着毛泽东，将自己如何投身绿林，如何在绿林中拼杀，如何与山下的地主民团尹道一争斗周旋，如何与老庚袁文才一起攻打永新等和盘托出，让毛泽东认识了一个全面的王佐。接下来，毛泽东的一句话让王佐再一次感动了。

毛泽东提出，工农革命军将送给王佐70支枪，以帮助他扩大武装。这对王佐绝对是一个充满着信任的信号。激动之中，王佐站起身，拍着胸脯说："毛委员和革命军初来乍到，在没有筹到款子之前，一切的吃住问题都包在我身上了，明天先从我这里挑五百担谷子过去。"

一代伟人与两位绿林的交往就这样在相互信任中拉开了序幕。

在与王佐的交谈中，毛泽东注意到了一个细节：王佐一而再、再而三地提到一个叫尹道一的名字，而且每次提到都称其为"贼古"，都是一副咬牙切齿的表情。

毛泽东把尹道一的有关情况都了解清楚后，风趣地说："要不我们先去会会你这位老朋友?"王佐一时不能理解毛泽东话中的含义,赶忙追问了一句:"去会会他?"毛泽东笑着说:"是啊,我想看看他到底有多厉害。"

王佐这才明白毛泽东是要去打尹道一,心里不禁一阵狂喜。自己在尹道一手里吃的苦头真是数也数不清,特别是从永新回来后,尹道一更是把自己逼在这个山头上,连半步脚也腾挪不开,真是憋闷坏了。但是,他又有点儿不放心,革命军今天才刚上山,劳师袭远,说不定不是尹道一的对手,尹道一的厉害他可是领教过了。

毛泽东似乎看穿了王佐的心事,说道:"我们就是要趁今天刚上山,尹道一还没有防备,给他来个措手不及,也算是送给你王总指挥的一份见面礼呀。"王佐的心情更为迫切:"那干脆今晚就去。"

这天是农历的九月二十九日,霜降节,也是这个月的月末,要下半夜才有月亮。尹道一的保卫团团部所在地石门离大井还有几十里,工农革命军初来乍到,对山区的地形不熟,夜走山路倒还真是个不小的挑战。不过这对王佐来说却一点儿都不是问题,他布置手下早就预备好了大量的松柴、干竹片,并扎好了火把。

这是工农革命军上山以来主动出击的第一仗,虽然是对付一个地方的小民团,但毛泽东给予了足够的重视,特意召集团长陈浩、团党代表何挺颖、特务连连长曾士峨、一营一连连长员一民等开会,部署攻打石门的行动。而且,为了鼓舞士气,毛泽东决定亲自随部队行动。

夜幕降临以后,革命军与王佐的部队将火把点亮,往日沉寂的大井忽然变得一片通明。队伍离开大井,径直向山下的石门方向奔去。

天明时分,革命军与王佐部抵达井冈山脚下的石门村。

这天是农历的十月初一,按当地习惯,大户人家都喜欢在农历每月的初一和十五这两天来宴请贺喜或者祭祖拜神。已经敛下了大量钱财的尹道一更是看重这个日子,一大早就杀猪宰羊,准备大肆操办。

也是尹道一命不该绝,因为家中要操办祭祀,尹道一的儿子尹豪民不敢马虎,破例起了个早床。其实他所谓的"起早床"也已经是吃早饭时分了。他起来习惯性地朝村头一看,只见当头一面呼啦啦飘扬的红旗,后面是黑压压的队伍,少说也有几百人。他一面大叫"不好",一面赶忙找枪。村口却响起了炒豆般的枪声。

石门村

　　这时，尹道一与副团总肖伯望正在祠堂里指挥团丁操办祭祀，准备上席吃饭，听到尹豪民的号叫，接着又传来枪声，知道大事不好。冲出门一看，进村的队伍与他平时见过的那些山贼迥然不同，来势凶猛，俨然都是些训练有素的正规军，只好急匆匆地命令部下先行撤退。当毛泽东和王佐赶到石门祠堂时，尹道一已经走得没了人影，只留下几桌还在冒着热气的酒菜。王佐翻看着地下的尸体，没发现尹道一，不禁顿足叹息说："可惜走脱了这个贼古仔。"

　　虽然走了尹道一，王佐心有不甘，但另外一个收获又让他高兴不已。这次缴获的 16 支枪，毛泽东命令全部交给王佐部队。王佐一听，高兴得合不拢嘴。要添置 16 支枪，他王佐起码得几年的时间，还得搭上几条人命，想不到革命军一个早上就能解决，而革命军人数也不比自己多多少。看来，这支部队确有过人之处。

　　到这时，毛泽东和井冈山上两个举足轻重的人物都已见过面了，而井冈山这个偏僻的山沟，也即将开启一个崭新的时代。

20世纪70年代的大井

参考资料

    黄仲芳、李春祥:《王佐将军传》,解放军出版社,1990。

红旗插上井冈山

毛泽东上井冈山后给中共中央的报告中用一句话概述了井冈山的小，他说茨坪和大小五井之内"人口不满两千，产谷不满万担"。

曾在井冈山任中共湘赣边界特委书记的杨克敏（即杨开明，毛泽东原配杨开慧的堂弟）对井冈山有详细的调查报告。他写道：

边界的经济本来是一个小农经济区域，自耕农甚多，日常生活程度颇低，米一元钱可买四五十斤；茶油每元钱可买八九斤；盐每元七斤。普通一个人生活，有一元钱就可度过一个月……笼统地说，边界的经济比其他地方都要落后些，人民多务农，商人及读书的占极少数，所以土豪劣绅在农村占极重要的地位。农民在红军未来之前，除遂川、酃县、茶陵、莲花之大部外，颇觉安居乐业，有天下太平的气象。有日出而作，日落而息，老死不相往来的神气。遂川、茶陵、酃县、莲花等县土地比较集中，农民被剥削较严重，苛捐杂税也较他处为甚，所以农民的生活较苦，阶级斗争的情绪也要浓厚些儿。所以莲花三九都、茶陵、酃县、遂川，在国民党的农协时代，都曾有过斗争。然而土地的百分之六十五以上仍操在地主手里，农村中大多数的群众，对于土地革命，仍然是为他们所要求所拥护的，所以在整个的土地革命过程中，经济较落后的地域，同样的也可以实行土地革命。

井冈山虽然小，但在工农革命军来之前，这里确实称得上是"藏龙卧匪"。20世纪20年代，由于南方战事此起彼伏，很多散兵游勇在这里落草为寇，一时之间绿林部队竟达20余支，而且官府对此无能为力。他们在井冈山打家劫舍，互相火并，井冈山一时狼烟四起，百姓怨声载道。

王佐的崛起，与他眼里看到了太多这样的事情有很大的关系。经过几年的冲杀，王佐势力渐大，其他外来的绿林部队渐渐偃旗息鼓。早年的王佐狡兔三窟，部队散居在山上的各个村庄，而他真正的大本营却是在交通便利、人口相对集中的茨坪。

茨坪地处湘赣两省的边界，也是江西省的遂川县和永新县两县的交界，村中一条小溪终年哗哗不断，四周群山环绕，险峰峻岭，是个交通要道，历来是商贾歇脚之所，也是兵家看重之地。王佐多年苦心经营他的绿林队伍，几经与官兵、豪绅和其他土匪武装的较量之后，羽翼渐渐丰满，后来选中了这块风水宝地，把自己的"司令部"和家小都安置在这里。茨坪虽说是井冈山上最大的一个村庄，但其实也大不到哪儿去，只有几十栋干打垒、树皮盖顶的民房，住着几十户人家，也就二三百人，全都是李姓。但虽为李姓，内部却又是宗族界限分明。三个李氏宗祠分立在村子的南、西、北三个方位，构成三大宗族的自然分界线。

茨坪全景

毛泽东率领的工农革命军与王佐会面三天后，王佐向毛泽东提出，请毛委员带着部队到茨坪去。

王佐能主动邀请毛泽东进入茨坪，说明王佐对毛泽东已经相当信任了。

新中国成立初期的井冈山茨坪

今日茨坪——中国最美的生态小镇

　　1927年10月27日一大早，毛泽东率领全部人马随王佐进驻茨坪。王佐在头一天便已派人到茨坪吩咐各家各户打扫干净，连革命军战士睡觉的床铺都换上了新鲜的禾草。革命军一到，如入家门，格外亲热。毛泽东被安排在茨坪街边李利昌的家中居住。到此时,毛泽东算是真真正正地站在井冈山上了,而且一只脚踩在湖南,一只脚踏在江西。

上了井冈山的毛泽东,把井冈山作为一个新的起点。从此,以毛泽东为杰出代表的一批中国共产党人,进行党的建设、红军建设、红色政权建设、土地革命,把马克思主义的普遍真理与中国革命的具体实践相结合,走出了一条具有中国特色的革命胜利之路。从 1927 年 10 月的井冈山,到 1949 年 10 月的北京天安门,中间相隔了整整 22 年。

参考资料

[1] 井冈山市地方志编纂委员会编:《井冈山志》,新华出版社,1997。

[2] 井冈山革命根据地党史资料征集编研协作小组、井冈山革命博物馆编:《井冈山革命根据地》(上),中共党史资料出版社,1987。

毛委员坐上席

毛泽东率领秋收起义部队上井冈山，在当地是一个轰动性的事件。而王佐亲自把毛泽东等人请到茨坪，更是出乎许多人的意料。

说来也巧，毛泽东部进驻茨坪的这天，恰好是王佐部下李先开的弟弟办结婚酒的日子。待革命军安顿好一切之后，李先开来请王佐，要他去喝杯喜酒。

毛泽东在茨坪的旧居：李利昌宅

　　王佐心里一动，问："喜酒我当然要去喝。不过我问你，酒席的上席是哪个坐?"李先开不假思索地说："俗话说：'天上的雷公，地下的舅公。'按规矩当然是我舅舅了。"王佐笑笑说："今天我们要改改这个规矩，上席要请毛委员来坐。"

　　李先开一听，疑惑不解，忙问："毛委员是嘛格（当地客家话，'什么'的意思）人? 多大的官? 怎么连你都这样敬重他?"因为他知道，王佐平时从来都不把那些当官的放在眼里。

　　这一问倒把王佐给问住了，其实他也不知道毛委员是个什么样的官，思索了好一阵还是找不出合适的话回答，心里一急，便道："以前京城里皇帝身边不是有左臣右相么，而今不叫皇帝，叫党中央了，毛委员就是这个党中央的委员，也就是左臣右相了。你想，这样有身份的人爬山过埂来到我们山里，不坐上席还能让他坐下席吗?"

　　说着，王佐一把拉着李先开，要他和自己一起去请毛委员。

　　刚刚安顿下来的毛泽东，就接到王佐的邀请，开始有些惊讶，转而思忖一会儿，觉得一来这是王佐的一片好意，要领这份情；二来也可在山区人们集中的场合做些宣传，扩大革命军的影响。于是，答应去李家做客。

　　酒席上，王佐向大家介绍说，这是共产党中央的毛委员，是领导我们穷苦百姓闹革命的大人物。席间顿时人头攒动，整个场面更添一份喜气。毛泽东立起身来，拱手向各位宾客致意，然后端起一大碗米酒，连连向新郎新娘恭贺道喜，并向井冈山区民众问好。接着，毛泽东

茨坪全貌（1958年）

利用这个难得的好机会，向大家讲述中国共产党的性质、宗旨和中国工农

革命军的任务，号召贫苦农民团结起来，打土豪，分田地，闹翻身。

自此，毛泽东成了井冈山人民心目中的第一贵宾，"毛委员"这一称呼家喻户晓。不久，毛泽东亲自领导井冈山军民建立了中国的第一块农村革命根据地，"行洲府，茨坪县，大小五井金銮殿"的民谣，也传诵在罗霄山脉中段的山山水水之间。

1960 年，茨坪境内是一片稻田，房屋稀疏

今日茨坪一角

参考资料

黄仲芳、李春祥：《王佐将军传》，解放军出版社，1990。

第一个县级红色政权
——茶陵县工农兵政府的建立

1927 年 11 月 16 日，中国工农革命军第二次攻打茶陵。

毛泽东虽因脚伤未愈不能随部队出发，但这天的一大早，他还是从茅坪赶到大陇，检阅了出征部队，并发表了热情而风趣的讲话："同志们，我们经过了一个月的休息，今天就要上前线了。现在茶陵县城空虚，我们要乘虚而入，来个开门红。本来我是很想和大家一起去的，可是我要革命，这只脚却不让我革命，我只有在这里预祝你们旗开得胜，早日凯旋！"

20 世纪 60 年代的茶陵县城全景

17 日，工农革命军击溃了茶陵挨户团罗克绍的骚扰，连夜潜入了与茶陵一水之隔的中瑶。凌晨，工农革命军化装成卖柴卖菜的老百姓，混入了茶

陵县城，首先解决了守护城门的士兵，随后大部队冲进了城内。守城的敌军还摸不着头脑，就做了俘虏，湘东清乡司令罗定和县长刘拔克闻风而逃。

茶陵县城西城门

　　然而，团长陈浩在攻占茶陵后，没有立即开展群众工作。虽然成立了由谭梓生任县长的茶陵县人民委员会，但还是像旧政府一样，拉夫派款，开堂审案。过去的那些旧官吏们依然在衙门进进出出，贫苦农民根本就没有说话的地方。那些土豪劣绅更是得意忘形，叫嚣着："什么工农革命，到头来还不是我们的天下！"

　　茶陵的群众满心希望工农革命军来了会有大的变化，想不到却是这样一种结果。他们望着昔日的衙门，摇着头说："打倒旧官吏，来了新老爷，换汤不换药啊！"

　　团长陈浩等人对这一切置若罔闻，成天躲在偏僻的角落里花天酒地。宛希先看在眼里，急在心里，他多次规劝陈浩等人说："部队从井冈山出发时，毛委员就一再叮嘱我们，打下茶陵后一定要注意宣传群众，组织群众，武装群众，帮助群众建立革命政权，而我们进入茶陵后却完全沿袭旧政权的那一套。这不是我们共产党人的做法，更不符合毛委员的指示精神，这种状况必须立刻改变！"

陈浩等人自认为职高权大，根本就不接受宛希先的意见。见此情景，宛希先只得给毛泽东写了一封信，汇报了陈浩一伙在茶陵的行径。

毛泽东得知这些情况后，非常着急。他立即派人送信给宛希先和陈浩，要求立即改变这种状况，并提出了明确意见。宛希先接到毛泽东的来信，马上组织讨论，并制定了具体措施。于是，一场发动群众、打倒豪绅的斗争，在茶陵全县热火朝天地开展起来。工会、农民协会、妇女联合会、工人纠察队、农民自卫军、赤卫队等组织和武装都相继成立，并开展了活动。

按照毛泽东的指示，宛希先召集中共茶陵县委、总工会、县农会负责人和军队各连党代表开会，宣读了毛泽东的来信，重新讨论茶陵的问题。经过协商，各方推选出自己的代表，组成县工农兵政府。其中，工人代表谭震林，农民代表李炳荣，士兵代表陈士榘。会议推选学徒出身的印刷工人、县总工会主席谭震林担任茶陵县工农兵政府主席。

11 月 28 日，茶陵县工农兵政府成立大会在县城召开。

茶陵城的城墙上飘扬着如火的红旗，城内大街小巷到处张贴着红红绿绿的标语，重新组织起来的农民协会会员手执梭镖，兴高采烈地在街上维持着秩序……整个茶陵就像是吹进了一股春风，一扫往日贫苦农民脸上的愁苦，给他们带来了世世代代没有过的喜悦。

会后，工农革命军赠给茶陵县工农兵政府五支长枪，组织了茶陵县赤卫大队，以保卫刚刚诞生的红色政权。

这是毛泽东指导创立的湘赣边界第一个红色县政权，在红色政权建设史上有着重大的意义。以后成

红军时期的谭震林

为国务院副总理、全国人大常委会副委员长的谭震林，回首往事，心情格外激动：

> 第二次打下茶陵后，刚开始时，部队派谭梓生当了县长。这个县政府还是按国民党的那一套办事，款子靠商会摊派，不去做群众工作。宛希先写信，将情况报告给毛主席。毛主席给宛希先回了信，指示说：派县长是不对的，不能按国民党那一套办，要成立工农兵政府，要保护商店，保护邮局，保护学校，保护医院。根据毛主席的指示，成立了茶陵县工农兵政府。谁当主席呢？我在县工会，就要我当工人代表，士兵代表是陈士榘，还有个农民代表是茶陵县委的李炳荣……选举结果，我担任了茶陵县工农兵政府主席。政府设在老街门靠近东门。茶陵县工农兵政府作为一个红色县政权来说，是全国第一个。

茶陵县工农兵政府农民代表李炳荣

茶陵县工农兵政府的三个常委之一，日后的共和国上将、人民解放军工程兵司令员陈士榘将军回忆说：

> 刚打下茶陵不久，在茶陵城召开了工农兵代表大会，有八九十人参加。会议实行投票选举，选出了三个常委，有谭震林同志，我是士兵代表，还有一名农民代表姓李，是茶陵人。我们三个常委实行集体领导，主要是做部队的后勤工作，筹粮筹款……县政府成立后还出过布告，是石印印的，政府的印鉴是

长方形的。

县政府门坊上横幅是：茶陵县工农兵代表会议政府。最后称茶陵县工农兵政府，这是湘赣边第一个工农兵政府。

茶陵县工农兵政府旧址

参考资料

[1] 谭震林：《回顾井冈山斗争历史》，载井冈山革命根据地党史资料征集编研协作小组、井冈山革命博物馆编《井冈山革命根据地》（下），中共党史资料出版社，1987。

[2] 谭家述：《回忆茶陵游击队》，载井冈山革命根据地党史资料征集编研协作小组、井冈山革命博物馆编《井冈山革命根据地》（下），中共党史资料出版社，1987。

[3] 杨梅生：《回忆井冈山斗争的经历》，载井冈山革命根据地党史资料征集编研协作小组、井冈山革命博物馆编《井冈山革命根据地》（下），中共党史资料出版社，1987。

[4] 陈士榘：《井冈山斗争的片段回忆》，载井冈山革命根据地党史资料征集编研协作小组、井冈山革命博物馆编《井冈山革命根据地》（下），中共党史资料出版社，1987。

红军的三大任务

　　茶陵县工农兵政府的成立，引起了国民党湖南省政府的恐慌。湖南国民党军方鼎英、吴尚等分别派主力团连同地主武装近 20 个连的兵力进攻茶陵。

　　这时在湖南桂东打游击的工农革命军第三营营长张子清率部星夜兼程赶到茶陵参战，增强了工农革命军的战斗力量。但是，由于敌我力量悬殊，战斗打得非常艰苦。为了保存有生力量，宛希先和张子清主张撤出茶陵，回师井冈山。

　　这时，团长陈浩突然说，部队必须撤往湘南。

　　自从进入茶陵以来，宛希先觉得团长陈浩有了不小的变化，县工农兵政府成立后，这种变化就更大了。陈浩与副团长徐庶、参谋长韩昌剑、一营营长黄子吉等人整天在一起嘀咕着什么，宛希先敏锐地觉察到他们必有所谋。为了得到证据，他和张子清秘密商议，决定派可靠人员摸清他们的行踪。由于陈浩等人平时的行为早就引起了战士们的不满，侦察情况的人很快就了解到，陈浩在前几天通过邮局给方鼎英发了一封信。

　　宛希先得知这一情况后，立即奔向邮局，截获了方鼎英给陈浩等人的复信。但宛希先没有当场揭穿他们，而是再三规劝他们带部队回井冈山。然而陈浩等人非但不听宛希先的劝告，反而连夜拆去回井冈山的必经之桥——茶陵东门外的浮桥，并趁黑夜辨不清方向的时候，强令部队南行。

　　宛希先知道，当前形势危急，如果再争执下去，无疑是把部队逼上绝路。为了保存力量，宛希先决定，部队先出城，再定部队的行动方向。

　　半夜时分，部队秘密出城。第二天上午，部队到达了湖口。

　　湖口是茶陵城南边的一个集镇，往东可以通往宁冈，往南则直下湘南，部队何去何从，只在一念之间。

20世纪60年代的茶陵湖口

部队稍事休息，宛希先命令部队向东开进。然而，陈浩毕竟是团长，在他的干预下，部队又折而向南。事情似乎已到了无可挽回的地步。但关键时刻，毛泽东又一次出现了。

原来，毛泽东对茶陵的情况一直十分关注，特别是陈浩等人搞了一个不得人心的所谓"人民委员会"之后，他更是提高了警惕。工农革命军本来有两个营，可是张子清的三营在遂川县大汾被袭后一时失去联系，如果一营再有什么闪失，他可就真成了"孤家寡人"了。因此，毛泽东在部队出征茶陵的前夕，便特别叮嘱宛希先，打下茶陵后，务必每周联络一次，并及时将缴获的报纸带回。因此，陈浩等人在茶陵的所作所为尽在毛泽东的掌握之中就不难解释了。

当毛泽东得知湖南敌军重兵压向茶陵，不禁为部队担忧起来。他也料到了陈浩不会把宛希先区区一个营党代表放在眼里，便顾不得脚疾，命陈伯钧带上一个排，随他匆匆赶往茶陵。毛泽东从东门进茶陵，部队却已南撤，往井冈山方向的浮桥也已被拆除。此时，毛泽东已然明白，如果不火速赶上部队，后果不堪设想，于是，他拖着病脚，连夜又赶至湖口。

茶陵湖口毛泽东旧居

毛泽东一到，便召开了连以上干部紧急会议。这是一次真正的紧急会议，急得毛泽东、宛希先、张子清等一干人嗓子眼发干。当然，陈浩一伙也不轻松，毛泽东一到，他们就知道大势已去了。

毛泽东一来，宛希先顿觉有了主心骨，会上，他把从邮局截获的方鼎英给陈浩的复信大胆地摆到了桌子上。陈浩等人做梦也没有想到宛希先还留了这一手，看着桌上的白纸黑字，虽然是 12 月天，陈浩的冷汗还是止不住往下流。

12 月的早晨，遍地银霜。28 日一大早，工农革命军 700 多人的队伍在毛泽东的面前排得整整齐齐，让毛泽东心中大慰。他公布了陈浩等人的叛变罪行，宣布由张子清代理团长，部队返回井冈山。茶陵游击队的 200 余人也在谭家述的带领下加入了这支浩浩荡荡的队伍之中。本来工农革命军只有第一和第三两个营，这时茶陵的游击队正好编为第二营，使三湾改编时编成的唯一一个团有了完整的建制。

这时的陈浩对自己的命运还并不是很担心——自己毕竟是目前部队里资历最高的黄埔生，而且余洒度、苏先骏等人半途离队，毛泽东也未深究。然而，他想错了。

12 月 29 日，部队一到龙市，毛泽东便开始了对陈浩一伙的处置。这天上午在龙市河滩召开的大会上，毛泽东总结了工农革命军攻打茶陵县城的经验教训，并总结出工农革命军此后的三大任务：第一，打仗消灭敌人；第二，打土豪，筹款子；第三，宣传群众，组织群众，武装群众，帮助群众建立革命政权。

茶陵一役，使毛泽东充分认识到群众的力量，所以他在这里一连提了四个"群众"。

宣布完三大任务，就到了宣判陈浩、徐庶、韩昌剑、黄子吉四人命运的时刻。这四位黄埔军校毕业生，在龙江河西畔的银子冲走到了自己生命的尽头。

1975 年的龙市全景

参考资料

　[1] 谭震林：《回顾井冈山斗争历史》，载井冈山革命根据地党史资料征集编研协作小组、井冈山革命博物馆编《井冈山革命根据地》（下），中共党史资料出版社，1987。

　[2] 谭家述：《回忆茶陵游击队》，载井冈山革命根据地党史资料征集编研协作小组、井冈山革命博物馆编《井冈山革命根据地》（下），中共党史资料出版社，1987。

　[3] 杨梅生：《回忆井冈山斗争的经历》，载井冈山革命根据地党史资料征集编研协作小组、井冈山革命博物馆编《井冈山革命根据地》（下），中共党史资料出版社，1987。

毛泽覃乔林建党

毛泽覃

就在何长工离开井冈山前往寻找朱德部队之后一个月，一个化名为"谭泽"、身份是国民革命军第十六军副官的人上了井冈山，直奔茅坪，要求面见毛泽东。原来，他就是毛泽东的亲弟弟毛泽覃。此行他是奉朱德、陈毅之命，从湘粤赣边界出发，取道湖南茶陵等地，上井冈山与毛泽东取得联络的。

顺利完成使命后，根据前委的决定和毛泽东的推荐，毛泽覃前往宁冈乔林，从事农村党的建设。

乔林是宁冈县较为偏僻的一个乡，人口既少又分散，只有300多人，却分散居住在30多个自然村。毛泽覃初到乔林，便首先从调查研究入手，动员群众，组织群众。他经常召开群众大会，向群众做宣传。他说："以前穷人受苦，给地主当牛作马。现在共产党来了，要打倒地主、土豪，分粮吃，杀他的鸡、猪，分他的田，看谁的命好。我们穷人吃了亏以前是不敢说，你们群众吃了亏，痛心不？我毛泽覃是痛心，肚子里起火！"

20世纪60年代的宁冈乔林乡全景

接着，毛泽覃讲了发生在大家身边的一件事，来启发大家的觉悟。他说，就在本乡的井水背村有一个姓廖的雇农，一字不识，17岁就开始给地主扛长工。因为没文化，不会算术，他就用泥团给自己记出工的天数，每出一天工，就在自己的小箱子里放一个小泥团。可是到年终结算时，地主往他的箱子里倒了一盆水，泥团都成了泥浆。结果，白白打了一年的长工，没有得到一分钱。第二年，他到另一个地主家里干活，每出一天工，便在小箱子里放进一根小柴棍。不料，到了年底，地主却在他的小箱子里放了一把火，所有的小柴棍都化为灰烬，他又给地主白白干了一年。第三年，他又换了一家地主做工，改用纸笔画圈的办法记工，做一天画一个圈。他接受过去的教训，白天黑夜，都把那张纸藏在身上，小心翼翼地保护着。可是，到年终时，地主拿着算盘，七折八扣，到头来又是分文不剩。这个长工的父亲气愤不过，上吊自杀了。

毛泽覃讲的这些活生生的事例，让那些长年脸朝黄土背朝天、只怨自己命不好的老实乡民，开始明白了自己为什么贫苦的道理。他们对毛泽覃投以赞许的目光。

在发动群众的基础上，毛泽覃设法摸清情况，发展培养入党对象。经过一个多月的艰苦工作，毛泽覃在乔林成功地发展了第一批共产党员，共30 余人。

乔林党支部旧址

1928 年 2 月的一天，上午 11 点多钟，毛泽覃主持了乔林乡新党员入党宣誓仪式。他带领大家举手向党旗宣誓，又用通俗的语言向这些"泥腿子"解释，"C.C.P"就是中国共产党的意思。"牺牲个人"就是说我们共产党员如果被反动派捉到后，即使他们用酷刑毒打，也不能招供别人，至死是我一个人；"严守秘密"就是党内开会等一切事情都不能对非党员讲，父子、妻子凡不是党员的都不能说；"阶级斗争"就是消灭反动阶级，实行无产阶级专政；"努力革命"就是要不辞劳苦，为党努力工作；"服从党纪、永不叛党"就是要遵守党的铁的纪律，对党忠心，至死方休，不要半途而废。

在发展党员的基础上，毛泽覃建立了湘赣边界最早的农村基层党支部——乔林乡党支部。

参考资料

　　刘育柱:《毛泽覃在乔林建党》,载井冈山革命根据地党史资料征集编研协作小组、井冈山革命博物馆编《井冈山革命根据地》(下),中共党史资料出版社,1987。

创办军官教导队

1927 年冬天，工农革命军上井冈山不久，在宁冈龙市的龙江书院创办了军官教导队。

军官教导队课堂：龙江书院明道堂（1978 年）

工农革命军在茅坪安家后，在毛泽东同志的指挥下，沿湘赣边界进行游击活动，扩大政治影响，继而攻克了茶陵县城。但是"这种斗争一天比一天激烈"，部队官兵的"伤、亡、病、逃，损失甚多"，补充的兵员往往得不到训练就要投入战斗，"军事技术差，作战只靠勇敢"。同时，随着地方武装的发展，急需从军队中抽调一部分优秀分子去担任地方赤卫队长等职务。因此，加紧政治训练和军事训练，就显得日益迫切。针对这种情况，为了培养和训练下级军官，造就大批军事指挥人才，1927 年 11 月下旬，前委书记毛泽东指示在龙市创办军官教导队。

龙江书院是由湘赣边界的茶陵、酃县、宁冈三县的客家人集资，于清道光庚子年，也就是 1840 年修建起来的，建筑面积为 3897 平方米，是当时湘赣边界客家人子弟念书求学的重要场所。

第一期教导队的学员共有 100 多人，他们来自军队中选派的班长、排长和优秀战士，以及湘赣边界各县选派的工农运动骨干分子。全队编为四个区小队，教导队队长由黄埔军校毕业的吕赤同志担任，蔡钟任党代表，四个区小队长分别是陈伯钧、陈士榘、张令彬、王良，并从部队中抽调袁炎飞等人担任教官。

按照办学的要求，教导队以军事教育为主，同时学习政治和文化。军事方面有队列、单兵刺杀、地形地貌利用和军事指挥等训练内容；政治方面有阶级斗争、土地革命、政权建设等内容；文化方面则结合当时的政治口号，比如"打倒帝国主义""推翻封建统治""实行土地革命""建立红色政权"等，既要把这些字认熟，又要理解其中的含义。为了提高学员的实际能力，教导队除在课堂上授课和集中操练外，还经常组织下乡，到古城、新城、茅坪等地进行社会调查活动。调查的内容很广，包括行政区划、人口、阶级、土客籍矛盾、土地占有情况、文化和风俗习惯等方面，然后填写调查表，以便毛泽东分析形势之用。教导队每天三操两讲，即早、中、晚三次操练，上、下午讲课，训练十分紧张和严格。

毛泽东十分重视教导队的工作。他时常来到教导队驻地，给学员们讲课，指导学员进行军事训练，要求学员做到"三不八能"，即不嫖，不赌，不偷；能写，能说，能唱，能算，能刻苦耐劳，能打仗，能生产劳动，能诚实可靠。同时，毛泽东还指示学员们要理论联系实际，一边学习，一边

做群众工作。通过政治教育和军事训练，学员们进步很快，政治和军事素质都得到了很大的提高，掌握了建立政权、武装工农、指挥战斗的常识，懂得了革命的性质和意义。

由于经济上的困难，加之敌人对根据地实行了严密的经济封锁，教导队的学习条件很差，笔墨纸张都成问题。为了克服这些困难，学员们想了不少办法，如用柳枝烧成炭条，用竹片削制蘸水笔，用棕丝、笋壳、杉树皮等当纸写字。

这期教导队到 1928 年 2 月下旬结束，学员们回到各地后积极地投入艰苦的斗争当中。教导队当中的同志，有的为革命英勇捐躯，如吕赤、王良、谢华光、蔡德华、刘仁堪等；有的

军官教导队区小队长张令彬

军官教导队旧址：龙江书院

成为我军的高级将领，如上将陈伯钧、陈士榘，中将张令彬；有的成为各级党和政府的领导干部，如贺敏学等人。他们为发展湘赣边界的工农武装割据发挥了重要作用。

后来在茨坪又开办了红四军军官教导队，培训红军下级军官和地方武装的指挥人员。1928年冬天，在军官教导队的基础上，创办了红军的第一所军校——井冈山红军学校，彭德怀任校长。

军官教导队的开办，为我军培养了大批军事指挥人才，不仅解决了当时部队干部缺乏、不能保证斗争需要的问题，而且由红军派人到地方去充当赤卫队长的情况也得到了改变，为罗霄山脉中段红色政权的创建造就了一支富有斗争经验的干部队伍，同时也为我军后来创办的各种军事训练班及军政院校提供了宝贵的经验。

1992年6月，中国人民解放军国防大学校长张震上将，亲自率领400多名学员来到龙江书院实地教学；1995年4月，他还亲笔为工农革命军军官教导队旧址题词"我军军政院校的摇篮"。工农革命军军官教导队是中国共产党创建的军队院校的雏形，是中国人民解放军最高学府国防大学的根，是我军军政院校的摇篮。

红四军军械处旧址、红四军军官教导队旧址（1958年）

参考资料

［1］张令彬：《井冈山斗争的回忆》，载井冈山革命根据地党史资料征集编研协作小组、井冈山革命博物馆编《井冈山革命根据地》（下），中共党史资料出版社，1987。

［2］谭冠三：《对井冈山斗争的回忆》，载《星火燎原·井冈山斗争专辑》，解放军出版社，1986。

［3］袁井红、肖邮华、李美兴、饶道良编著：《红绿辉映井冈山》，江西人民出版社，2003。

1928 年

土豪的"年关"

　　旧社会的贫苦农民最怕过年，称过年为"年关"，一到"年关"这天，土豪劣绅纷纷上门要债，一年的借贷，这天要算总账。电影《白毛女》中杨白劳躲债的恐惧，中国观众是再熟悉不过了。而1928年的年关，朱德要让湘南的土豪劣绅也尝尝过年关的滋味，他要让土豪劣绅欠贫苦百姓的账，在这天统统结清。湘南紧靠粤北，是大革命时期农民运动蓬勃发展的地区。大革命失败后，湘南地区的共产党员和革命群众在白色恐怖下仍继续坚持斗争。

　　早在1927年冬天，朱德等就与湘南当地党组织共同完善和实施了《湘南暴动计划》。从1927年11月26日到28日，朱德与湘南粤北的共产党组织负责人在湖南汝城开了三天的秘密会议，会议最终决定12月中旬在湘南举行年关起义。会议结束时，朱德还意味深长地送给中共郴县县委书记夏明震两支驳壳枪。

　　所以，当范石生催他离开的密函一到，朱德马上绕道广东乐昌，沿着乐昌、乳源边境的大山进入湘南，实施他酝酿已久的计划。

　　进入湘南的莽山洞，朱德很快获悉宜章县城没有正规军防守，只有四五百人的民团，力量薄弱，而且没有无线电台，也没有接通广东的电话线。

　　这真是天赐良机。但是智者千虑，稳之又稳。朱德、陈毅、王尔琢商议后制订了如下的方案：

　　第一步：由胡少海以范石生第十六军一四〇团副团长名义，先给宜章

湘南起义的军事会议旧址：广东省乐昌县杨家寨文奎楼（1960年）

县长写封信，说是奉范军长之命回家乡抵抗从广东北上的共军；第二步：由胡少海率两个加强连，扮成国民党军队模样（其实他们原来就是国民党军队一四〇团的）先期入城，并出面邀请以县长为首的全部反动头脑赴宴，到时一网打尽；第三步：朱德、陈毅、王尔琢率主力进城。

胡少海，这张朱德捂了许久的王牌，在湘南的年关起义中发挥了巨大的作用。

胡少海本名胡占鳌，他的家庭是宜章县城数一数二的大豪绅，宜章县有谁不知道赫赫有名的"五少爷"（胡少海在七兄弟中排行第五）。更让人羡慕和敬畏的是，五少爷参加北伐，勇敢善战，升任团长，他是宜章的骄傲，但宜章人知道的仅此而已。

事实上，北伐失败后，胡少海就躲在乐昌、乳源一带打游击，朱德、陈毅一进入湘南，他便闻讯而至，加入了工农革命军。所以，当胡少海率领两个加强连大摇大摆地开进宜章县城时，人们很容易地就认为胡五少爷衣锦还乡了，路人还羡慕地指点着："这支部队是胡少海率领的。""胡少海在国军里吃粮，当上团长啦！"

宜章县的头面人物为今后有这样硬的靠山高兴，感激还来不及，谁又会去怀疑他的真实身份呢？

1928年1月11日，也就是1927年农历腊月十九日下午，胡少海进入宜章县城。第二天下午，朱德、陈毅率主力入城。当胡少海向县长杨孝斌发出宴会邀请时，县长大人为了攀上高枝，却坚持由他做东，为一四〇团的长官接风洗尘。朱德听了胡少海略显焦急的报告后，笑笑说："那你就'就汤下面，顺水推舟'嘛！"

当天晚上，杨孝斌在县议会二楼设席宴请一四○团长官。宴会时刻一到，朱德、胡少海带着14名干练的卫士，来到议会大楼。

正如后来许多类似的作品中所描写的那样，酒过三巡，大家酒酣耳热之际，朱德突然起立，掷杯于地，一声脆响后，随来的卫士如猛虎下山，在众人还在目瞪口呆之际，周围县府卫兵的枪支已经易主，杨孝斌及一伙土豪已经绳索加身。

胡少海

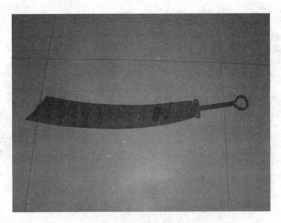

胡少海用过的指挥刀

杨孝斌瞪着被酒灼红的眼睛，结结巴巴地问朱德："你……你……你们是什么人？"朱德一拳击在桌上："我们是工农革命军，我就是朱德……"下面朱德还说了些什么，杨孝斌已经听不见了。

这顿饭成了县长杨孝斌、前县长黄得珍、挨户团长刘秉钧、保管处长肖星若、队副陈茂金、副官彭亮、分队长谷寅宾等人最后的晚餐。第二天

上午，他们被押上了断头台。在座的教育局督学是个唯一的例外，他叫曾日三，被抓后交了罚款，很快被释放。接着，他又要求加入朱德的队伍。后来，他上了井冈山，历任红四军参谋、红三军政治部主任、红军总政治部秘书长、红五军团政治部主任、红九军代政委兼政治部主任等职。长征到达陕北后，1937 年在甘肃作战时牺牲。

占领宜章，胡少海功不可没，但从此胡家父子却反目成仇。

对于胡少海的"离经叛道"，他的父亲胡泮藻至死也没有原谅他。1928 年 7 月 15 日，胡少海已经是红四军二十九团的团长了，胡泮藻还咬牙切齿地在《湖南国民日报》刊登了一则"悬赏缉暴子"的启事："孽子占鳌，客岁与共匪朱德等窜入宜城，屠士绅，焚民屋……转呈各处上峰通缉在案，如获占鳌一名，自愿出花小洋五百圆。"五百元，在当时不是个小数目，花巨资悬赏捉拿亲子，这恐怕是世间少有的了。

湘南起义指挥部旧址

宜章人没心思过年了，但他们心里比过年还高兴。大年三十这天，朱德在宜章斗争的中心碕石村说的一番话，更加调动起宜章人闹革命的热情劲儿。朱德说："我们要干，手里没有枪，可以用梭镖。五支梭镖可抵一支枪，五支梭镖可换一支枪。当五支梭镖围住一个背枪的敌人时，敌人朝我们每打一枪，都要退子弹上子弹，我们趁他退子弹的机会，一拥而上，就可以夺了他的枪……"

在这番话的鼓舞下，小小的碛石很快成立了一个独立营，彭晒任营长，北伐时当过铁军连长和指导员的萧克任副营长。独立营几乎是清一色的彭家将：彭暌、彭琦、彭严、彭孚、彭成一、彭东明、彭谁桥、彭堃、彭娟、彭儒、彭概、彭霞、彭谦、吴统莲（彭家媳妇）。这个营的武器除了三十支枪外，其余全部是梭镖。

萧克为此在1928年4月写诗云："农奴聚义起烽烟，晃晃梭镖刺远天。莫谓湘南陬五岭，骑田岭上瞩中原。"

虽然宜章的年关起义兵不血刃，但湘南起义的大幕已豁然拉开了。

参考资料

[1] 彭儒：《从湘南到井冈山》，载井冈山革命根据地党史资料征集编研协作小组、井冈山革命博物馆编《井冈山革命根据地》（下），中共党史资料出版社，1987。

[2] 欧阳毅：《从湘南暴动到井冈山斗争》，载井冈山革命根据地党史资料征集编研协作小组、井冈山革命博物馆编《井冈山革命根据地》（下），中共党史资料出版社，1987。

打败许克祥

许克祥因 1927 年 5 月 21 日在长沙发动剿灭共产党人的"马日事变"而闻名。1927 年春,身为国民革命军第三十五军第三十三团团长、湖南省政府委员、国民党长沙市党部常委、长沙市市长及市公安局局长的许克祥,率军 1000 余人,查封省、市党部和工人纠察队总部,袭击四郊的农会,围捕共产党人,一夜间搜捕共产党工农群众 3000 余人,杀百余人。这就是著名的"马日事变"。

许克祥,多少湖南的共产党人欲食其肉,寝其皮。这个仇,朱德报了一部分。

1928 年 1 月,许克祥已由唐生智部改投李济深,成为独立第三师师长,驻防广东乐昌坪石镇。朱德发动湘南起义后,蒋介石向许克祥下达了"即日进剿,不得有误"的指令。1 月底,许克祥令全部的家底六个团倾巢而出,准备向朱德部发起进攻。为了看清朱德部的动向,许克祥甚至将指挥部从乐昌搬到了靠近宜章的坪石。

朱德采取的是"请君入瓮"的策略,让出宜章县城给许克祥,率部隐藏在宜章县城西南 80 里的黄沙堡、笆篱堡、圣公坛一带的山地。

许克祥率六个团重兵长驱直入,直到宜章县城,未遇一兵一卒的抵抗。手上沾满了共产党人鲜血的许克祥很自然地以为是朱德被吓跑了。被胜利冲昏了头脑的许克祥犹如猴子掰苞谷,一路走来,将六个团依次摆开。教导团和补充团驻坪石,他亲领两个主力团至岩泉,其余两个团则布置在坪石、长岗岭、武阳习、栗源一线,摆成一字长蛇阵。

而当许克祥摆开一字长蛇阵时，也就为他自己的失败绘好了示意图。

朱德隐蔽在范石生部时，得以有暇在犁铺头进行系统的练兵。他将自己在云南陆军讲武堂和在德国、苏联学到的军事知识，以及辛亥革命后在中缅边境平息战乱和护国、靖国战争中所摸索出的实战经验，进行了系统的总结，亲手编写出《步兵操练》和《阵中勤务》两种教材，自己亲自担任教官。在战术上，他把旧式疏开队形改为梯次配备的新疏开队形，把旧式的一字散兵形改为人字队形。

1928年1月31日农历正月初九，朱德、陈毅率工农革命军向岩泉进发。朱德先头部队到达离岩泉五里地的百岁亭时，一个土豪慌慌张张地跑去向许克祥报告："朱德来了。"许克祥大发雷霆："你这是造谣惑众，扰乱军心！朱德早吓跑了，一定是几个梭镖队在捣乱，怕什么？就是朱德来了，老子两颗炮弹就把他轰跑啦！"

广东坪石

几句话说完，土豪知趣地跑了。早上七八点钟，许部军营吹哨吃饭。正当大家狼吞虎咽之际，朱德、陈毅率工农革命军犹如从天而降，胡少海率部侧面来击。许克祥猝不及防，摞下饭碗，收拾残部向栗源方向逃去。

栗源敌兵得知主帅有难，急驰救援，行至渡头河，又遭到工农革命军重

击。许克祥再度向广东方向逃窜，逃至长岗岭，企图居高临下，止住朱德前进的步子，然而，朱德早在长岗岭伏下刚刚收编的农民武装王光佑部。两部夹击，许克祥再度向坪石方向逃窜。坪石才是许克祥真正的归宿。

坪石地处狭长谷地，许克祥逃到坪石就犹如钻进竹筒的老鼠，只能一股劲地顺着竹筒往前没命地跑了。

跑到武水渡头，许克祥顾不得体面，随便抓过一套便衣换上，划一条小船渡河而去。工农革命军追到乐昌河边，拾得许克祥军服一套。

除了没抓到许克祥是个遗憾外，朱德对这次战斗相当满意。许克祥部下官兵1000余人成了他的俘虏，三里长的坪石街道上摆满了缴获的步枪、机关枪、迫击炮、弹药等。其中步枪1000余支，迫击炮、过山炮30多门，马13匹。先得范石生资助，又有许克祥"惠赠"，朱德气粗多了。

坪石大捷后，"许送枪"的绰号不胫而走。朱德也不由得喜滋滋地说："许克祥帮助我们起了家。"

坪石战斗旧址

参考资料

中共中央文献研究室编辑委员会编：《朱德选集》，人民出版社，1983。

"一个红枣也不能动"

    1928 年年初，毛泽东率领工农革命军攻占遂川县城，之后马上派工农革命军下乡发动群众，其中一部分部队到了草林。

    草林位于遂川县城的西部，是通往井冈山革命根据地腹地的必经之路。草林是遂川历史悠久的商贸重镇，自古以来就是赣中南地区的四大著名圩场之一（另三个为赣州南康的唐江、上犹的营前和同在遂川的大汾）。这里人口密集，农产品丰富，是周围百十里范围之内重要的商品交换集散地和日用商品中转站。过去由于交通不便，这里便成了肩挑手提交易的重要地点。逢农历每月的一、四、七，方圆近百里的群众手提肩挑着农副产品前来赶圩，每月九次，日中为市。因此，草林圩在周边群众的生活中占有十分重要的地位。

    然而，由于草林圩场大多数的中小商人资本很小，没有话语权，圩场的经济命脉基本上被土豪黄

草林圩场

礼瑞、郭朝宗开设的"遂昌""四美""大兴""元丰"等大商号垄断。豪绅和奸商直接控制着群众生活必需品的经营，他们采用囤积居奇、大斗进小斗出、短斤少两、以次充好等手段，对贫苦群众进行残酷的剥削。草林圩场的大多数中小商户既受国民党反动派苛捐杂税的压榨，又受地主豪绅和大资本家的盘剥，生意清冷，濒于破产的边缘。

另外，工农革命军在根据地初创时期，实行过一些"左"的政策。开国上将陈士榘曾回忆，攻下县城圩镇，往往"把商人、小贩的货物也没收了，甚至连药铺里秤药的戥秤也拿上了井冈山"。毛泽东也说过，"四月全军到边界后，烧杀虽仍不多，但对城市中等商人的没收和乡村小地方富农的派款，是做得十分厉害的。"

由于这种种原因，豪绅奸商为了扰乱圩场的秩序，在草林圩场进行反动宣传，使中小商人受蒙蔽，纷纷关门歇业，整个草林圩场一时间变得冷冷清清，往日熙熙攘攘的街上现在只有几个无家可归的叫花子在游荡。

为了打破敌人的反动宣传，重建草林圩场秩序，1928 年 1 月 9 日，在毛泽东的指示下，工农革命军组成一支武装宣传队来到草林，对广大群众进行广泛的宣传，成立了区、乡农民协会和九个村农民协会。1 月 14 日，毛泽东离开遂川县城，亲自带领部分工农革命军官兵步行 40 里来到草林，连夜在草林萧万顺客栈召开草林各农会骨干分子会议，指示要发动群众打土豪，建立革命政权。

毛泽东率工农革命军到草林后，立即把部队分成三五人一组，打着红旗分散在草林圩场和附近农村做发动群众的宣传工作，并在墙上刷写标语，讲明工农革命军是无产阶级的队伍，是为劳苦大众谋利益的。很快，草林圩场大街小巷贴满了标语："中小商人和贫苦人民开门做生意明买明卖！""反对靖卫团抽税。""保护小商人做买卖。"

1928 年 1 月 16 日（农历腊月二十四日）是赣南地区的农历小年，也是草林传统的圩日，毛泽东在草林万寿宫主持召开群众大会，宣传保护中小商人的政策，规定保护工商业的具体措施：一、反对封建剥削，只能没收地主的财产，保护工商部分；二、如果是地主兼商人，只能没收他的封建剥削部分，商业部分连一个红枣也不能动；三、如果是罪大恶极的土豪，必须没收其商业部分就一定要出布告，宣布他们的封建剥削罪行。

红军写在草林的标语

万寿宫群众大会结束后，工农革命军进一步掀起了发动群众打土豪的高潮。他们组织人员将圳口村刘俊槐、刘俊乙等土豪家里的数十头肥猪宰杀，在浮桥头向到会群众分肉。过桥者每人分到一提肉（1~2斤），同时分给群众的还有衣服、布料、鞋袜、铜板、银圆等，加大了打土豪、维护群众利益的宣传力度。

工农革命军在草林广泛宣传对于中小商人的保护政策，强调对他们的财产，就算一粒盐、一寸布、一颗红枣也不能动，对中小商人不罚款、不抽税，允许他们自由贸易，合法经营，打破了土豪奸商的谣言。

于是，草林地区迅速掀起了打土豪、除奸商的热潮，各地建立了工会、农会、妇女会、暴动队、赤卫队，草林地区的工农兵政府也顺利成立。广大中小商人在打土豪的斗争中受到了教育，分得了胜利果实，终于切身感受到了工农革命军的政策是保护自己的。疑虑消除后，他们纷纷打开店门，把原来隐藏的货物摆上了柜台。

经过改造后的草林圩场面貌焕然一新，土豪奸商的威风打掉了，苛捐杂税取消了，中小商人纷纷重开店门营业了。周围百里的老表得知消息，也重返草林圩场，古老的草林圩重获生机。

毛泽东在向中共中央的报告中郑重地汇报了草林圩场逢圩日的盛况："草林圩上逢圩（日中为市，三天一次），到圩两万人，为前所未有。这件

事，证明我们的政策是正确的了。豪绅对人民的税捐很重，遂川靖卫团在黄坳到草林七十里路上要抽五道税，无论什么农产都不能免。我们打掉靖卫团，取消这些税，获得了农民和中小商人全体的拥护。"

草林圩改造后，井冈山革命根据地日常必需品的供给困难也得到了很大的缓解。工农革命军通过在草林地区的打土豪筹款运动，筹集了七百担布匹、一百多担药材、两万多块银圆和几万斤食盐。从此，食盐、火柴、布匹等日常必需品以及药材等通过草林圩场源源不断地运往井冈山。

红军写在湖南酃县县城的标语

草林圩场是毛泽东同志亲手创建的第一个红色圩场，是红色经济工作之源。圩场的创建涵盖了对工业、农业、商业的改造，涉及战争年代经济政策的制定，更是毛泽东亲自到草林深入开展群众工作的重大成果。草林红色圩场的开辟，为井冈山革命根据地的巩固与发展提供了物质保障，活跃了辖区内的乡村经济，锻炼了红军中的群众工作和经济工作人才，为农村革命根据地经济工作的开展和经济政策的制定积累了经验，对此后中国共产党领导下的经济工作产生了深远的影响。

红军写在井冈山新城的标语

参考资料

［1］罗荣桓：《秋收起义与我军初创时期》，载井冈山革命根据地党史资料征集编研协作小组、井冈山革命博物馆编《井冈山革命根据地》（下），中共党史资料出版社，1987。

［2］陈正人：《创立湘赣边界"工农武装割据"的斗争》，载井冈山革命根据地党史资料征集编研协作小组、井冈山革命博物馆编《井冈山革命根据地》（下），中共党史资料出版社，1987。

［3］陈士榘：《井冈山斗争的片断回忆》，载井冈山革命根据地党史资料征集编研协作小组、井冈山革命博物馆编《井冈山革命根据地》（下），中共党史资料出版社，1987。

［4］陈士榘：《三大纪律六项注意的由来》，载井冈山革命根据地党史资料征集编研协作小组、井冈山革命博物馆编《井冈山革命根据地》（下），中共党史资料出版社，1987。

［5］毛泽东：《井冈山的斗争》，载《毛泽东选集》第1卷，人民出版社，1991。

"上门板，捆铺草"

自从 1927 年 10 月 24 日毛泽东在荆竹山向工农革命军宣布了"不拿农民一个红薯"等三大纪律后，拿农民红薯的现象没有了。然而，一些意想不到的事情又出现了。有些战士拿了老乡的鸡蛋，有的掰了苞谷，因为这不在三大纪律规定之列。

毛泽东有一次到遂川乡下搞调查。他问当地老表："工农革命军到井冈山这么久了，有没有战士违反纪律，给老表们找麻烦啊？"

老表听了，都竖起大拇指说："工农革命军真是一支好队伍，自打我出娘胎，还没见过这样的好部队。历来兵匪一家，哪有军队处处为老表着想的事啊！真是打着灯笼也难找。不过……"

"不过什么啊？你放心地说吧，工农革命军本来就是老表的子弟兵，有什么不对的地方我们一定马上改正。"

那位老表说："有两件小事如果能改进一下就更好了。工农革命军借了我们的门板去搭铺睡觉，后来还是还了，但我们的门板尺寸大小都不一样，挂钩也是各家各户自请铁匠打的，战士们还的门板不是我家原来的那一块，就上不回去了。我自己得挨家挨户去找，还真有点麻烦……"另一位老表也大胆地说："我家一大堆稻草借给工农革命军摊铺，用过后也都还了，可还回来的全是散的，弄得我家和牛栏一样，我花了好几天才捆好呢。"

毛泽东听了，说："放心吧老表，我们马上就改。"

1928 年 1 月 25 日，毛泽东在遂川李家坪主持召开军民大会。会上，

150

他首先表扬了工农革命军模范地执行了群众纪律，得到了农民朋友的欢迎，他说："农民兄弟都说我们的队伍是'神兵'，是秋毫无犯之师，可见我们执行的群众纪律是有成效的，农民兄弟也是看得见的。不过，有些注意事项还得改一改。"

20世纪60年代的遂川李家坪

他顿了顿，继续说："比如说原来的'还门板'就应该改为'上门板'，只有把借来的门板上回到老表家的门框上，才算是真正物归原主了。还有'还铺草'也应该改为'捆铺草'，把拆散了的稻草乱七八糟地还给老表，人家不高兴呢！同志们，不要看只改动一个字，恰恰是一字见真情啊。改这一个字就体现了我们工农革命军是完全彻底、全心全意为人民服务的，是和其他反动军队有着本质区别的。"

1928年4月3日，毛泽东率工农革命军前往湘南。在湖南桂东沙田，向部队系统地颁布了"三大纪律六项注意"。

红军把"六项注意"写在包袱布上

红军写在行洲的标语

1929 年 1 月，为了打破敌人对井冈山的第三次"会剿"，红四军主力转战赣南闽西。当时，个别战士随地大小便，光着身子在村边小溪里洗澡，引起当地群众特别是妇女的不满。于是，"六项注意"增添了"洗澡

避女人""大便找厕所"两项,成为"八项注意"。在这以后,随着形势
的发展,其中的内容又都做了相应的调整,但万变不离其宗,其根本内容
始终都围绕着群众利益这个中心。

红军印的小册子《三大纪律、八个注意说明》

1947 年 10 月 10 日,毛泽东起草了《中国人民解放军总部关于重行颁
布三大纪律八项注意的训令》。从此,三大纪律、八项注意成了人民解放
军的行动准则。

参考资料

[1] 陈士榘:《三大纪律、六项注意的由来》,载井冈山革命根据地党史资料征集
编研协作小组、井冈山革命博物馆编《井冈山革命根据地》(下),中共党史资料出版
社,1987。

[2] 井冈山管理局纪委编:《井冈山廉政史话》,江苏人民出版社,2013。

改编袁、王

　　毛泽东与袁文才和王佐分别见面之后，接下来要做的就是对两支部队的团结改造工作。

　　对这两支部队，工农革命军有所区分。因为袁文才部大革命时期已经接受了中共宁冈党组织的领导，袁文才自己也已加入了中国共产党，因此，毛泽东和前委先派人做袁文才部的工作，帮助袁部进行政治、军事训练。当工农革命军在 1927 年 10 月中旬到达湖南酃县时，毛泽东已经派了游雪程、徐彦刚、陈伯钧、金蒙秀到袁文才部帮助工作。经过一段时间的政治军事训练，袁文才部像工农革命军一样，也建立了共产党的各级组织和士兵委员会，部队发生了巨大的变化。

　　对王佐部的改造，毛泽东一直没有急于开始，他在考虑最佳的人选。苦思冥想之后，毛泽东还是想到了何长工。

　　时间已到了 1928 年 1 月。这时的何长工，刚从粤北与朱德部队取得联系回来，刚刚赶到遂川县城向毛泽东汇报完毕。一天吃饭之际，毛泽东先是看着何长工笑，在何长工不得其解之时，毛泽东说："长工，我还要打你的主意了。"何长工知道准是又有新任务要交给他，但也猜不透毛泽东葫芦里卖的是什么药，便笑着问："毛委员，我身上还有什么主意可打？"毛泽东不再兜圈子，说："决定派你上山，去做王佐的工作。"

　　何长工素知王佐部队绿林习气很浓，流寇习气严重，王佐本人又是一位武艺高强的人，这样一支部队不大好对付，但想到自己这次毕竟不离开井冈山，又不离开大部队，因此心里稍安。他问毛泽东："去多少人？"

　　毛泽东微微一笑，竖起一根手指头。何长工猜："一个连？"毛泽东摇头。何长工又猜："一个排？"毛泽东又摇头。何长工再猜："一个班？"毛泽东再摇头。何长工有点慌神了："我一个人？"毛泽东哈哈大笑道："又不是上山去打老虎，要许多人去干什么？一人足矣。"毛泽东又正色道："你先去做王佐的'长工'，再去做他的党代表。人还是要派去的，不过现在不是时候，你的工作，就是要他请我们的人上山。"

　　何长工释然。但想到王佐的部队不讲政策，乱打乱杀，捉到人要拿钱来赎，不拿钱便人头落地，就有点顾虑。

　　毛泽东好像看透了何长工心中所想，又意味深长地说："不入虎穴，焉得虎子啊！"

　　何长工明白了毛泽东对自己寄予的莫大希望，听完这句话，他当天便打好包袱，拿着毛泽东的亲笔信，直奔井冈山茨坪。

　　王佐果然不好对付，多年的绿林生涯使他不会轻易相信任何人，当年他就是在尔虞我诈的绿林纷争中绞尽脑汁才挣得这一份家业的。他先是给何长工设置种种障碍，让他不能与士兵接近，而后又要和他喝血酒，结拜把兄弟。

　　何长工在工作最困难的时候，始终牢记毛泽东那句语重心长的话：不入虎穴，焉得虎子。他决定从细微处入手。

　　何长工发现，王佐虽是个脾气暴躁的"山大王"，但却是个大孝子，他对自己的母亲异常孝顺，可以说到了言听计从的地步。于是，何长工慢慢地接近王佐的家人，特别是王佐的母亲，以此来影响和改变王佐的思想。在王佐看来，何长工这是讲交情，倒也并不阻拦。但何长工开始的种种工作也只是换得了王佐的初步好感而已，直到1928年春节后，何长工略施小计，帮王佐除去了一块久已成疾的心病，王佐的态度才开始发生了根本性的改变。

　　前面说过，王佐有一个死对头尹道一，是井冈山下拿山地区一带的土豪，拥有一支百余杆枪的武装。他经常对王佐的绿林军进行清剿，使王佐几次差点成了断头鬼。但王佐由于力量有限，对尹道一无可奈何。随着王佐与何长工交往的日益加深，王佐说出了自己的心病。听完王佐的倾诉，何长工已经感觉到了胜利的天平再次向他倾斜。他马上将此事向毛泽东做

了汇报，并提出了帮王佐除去宿敌尹道一，让王佐完全相信工农革命军的
计划。

　　几天后，毛泽东同意了何长工的计划，并派去了一个排的工农革命军
助战。这种打击地主武装的战斗，在工农革命军眼里只能算是小打小闹，
但因这次打尹道一意义非同一般，关系到王佐队伍的归属问题，所以何长
工很重视。战前，他特意召集王佐及其中层干部在茨坪召开秘密会议，详
细制订了消灭尹道一的作战计划。最后，尹道一在战斗中当场毙命。消息
传到茨坪，王佐还不敢相信多年的夙愿一朝成真，直到看到了尹道一的首
级，他才不禁仰天长笑，朝尹道一的首级狠狠地抽了两记耳光。

袁文才部练兵场：茅坪步云山（1960 年）

　　消灭尹道一给王佐最大的震动是，革命军中能人多。他于是郑重地向
何长工提出，请毛委员派一些干部来帮他训练队伍。这正是毛泽东派何长
工去做工作想要达到的目的。就在王佐提出要求的第二天，工农革命军中
20 余人走进了王佐神秘的绿林山寨中，帮助王佐降服那一群没有套上笼头
的"野马"。经过严格的政治军事训练，王佐部下的一帮人竟然被调教得
像模像样，一帮懒散的、没有组织纪律观念的乌合之众开始向工农革命军

看齐，王佐为此高兴得合不拢嘴。

1928年2月下旬，王佐及其部队完成了向正规革命军转变的关键一步——在宁冈大陇朱家祠堂，王佐与袁文才的部队合编为中国工农革命军第一师第二团，袁文才任团长兼第一营营长，王佐任副团长兼第二营营长，何长工任党代表。

袁文才、王佐部合编旧址

参考资料

　［1］何长工：《何长工回忆录》，解放军出版社，1987。

　［2］何长工：《改造袁、王与"双枪兵"》，载井冈山革命根据地党史资料征集编研协作小组、井冈山革命博物馆编《井冈山革命根据地》（下），中共党史资料出版社，1987。

优待白军俘虏

1928 年 2 月 18 日，工农革命军攻占宁冈新城。这是秋收起义部队上井冈山后占领的第三座县城，也是毛泽东上山后第一次亲自指挥的大捷，抓获了 100 多名敌军俘虏。长期以来，饱受地主豪绅和反动军队欺凌的工农革命军战士以及地方上的同志，看到那些俘虏就气不打一处来，一路上对俘虏不是打就是骂，有的直接枪杀。

宁冈新城南门

　　这种情形引起了毛泽东等人的思考。第二天，在茅坪的阎仙殿前召开军民大会，一来庆祝新城战斗胜利，总结经验，表扬英勇战斗的将士；二来向工农革命军宣布优待俘虏的政策。

　　会上，毛泽东说：白军士兵中有不少是工人、农民出身的穷人，有许多人都是被强迫来当兵的，要教育他们，争取他们站到我们这边来，跟我们一起，去打击国民党反动派，打击地主豪绅。他们过来，我们的队伍就扩大了，就多一份力量与敌人战斗。因此，我们要团结、争取更多的人与我们一起去反对反革命。一开始，有些人想不通，经毛泽东再三解释、疏导，大家思想才转了弯。当即，毛泽东宣布了优待俘虏的几项具体规定：一、不许打，二、不许骂，三、不许搜腰包，四、有伤的给予治疗，五、愿意留的吸收参加红军，六、愿意回去的发给路费。这就是我军历史上最早的优待俘虏政策。

向白军士兵进行宣传的红军标语（井冈山下七村）

　　优待政策的颁布，对国民党军队是一个巨大的震动。因为国民党军官都对士兵说，不能当红军的俘虏，当了俘虏要被抽筋剥皮，要被杀头。没想到共产党对俘虏竟然这么宽大，有些想回家的还当场发给了路费。

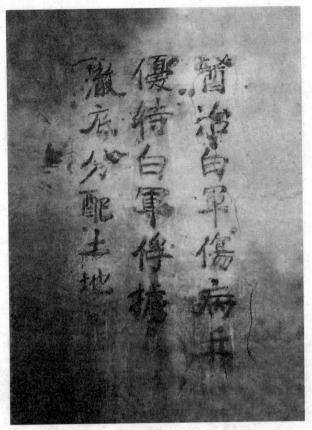

写有优待白军俘虏的红军标语（井冈山新城）

　　当天晚上，被俘的国民党士兵都住在茅坪阎仙殿。晚上，军官教导队区队长陈士榘当值星官，在楼下看管俘虏。值班室的墙上挂了一面红军军旗，中间摆着一张长方形桌子和两条板凳，还有一盏马灯、一把铜壶和两只茶碗，这都是和俘虏谈话时用的。

　　陈士榘挎着一支德国造的 3 号驳壳枪，肩上挂着"执勤官"的红色标志，与另一个战士一起，在值班室踱来踱去。夜深人静，阎仙殿楼上忽然传来了《国际歌》的歌声。陈士榘觉得奇怪，便侧耳静听。歌声先是轻轻的低吟，后来越来越大，悠扬激昂。三个唱段都唱完了，陈士榘的满腔热血也似乎沸腾起来了。

　　陈士榘虽然年轻，经验却很丰富。他参加过北伐战争，大革命失败后，随武汉警卫团参加秋收起义。工农革命军打下茶陵县城后，他以士兵代表的身份，担任井冈山革命根据地第一个红色政权的县政府常务委员，不久，被提升为红军军官教导队区队长兼军事教员。在复杂的革命斗争中，他锻炼了自己的政治敏锐性。这时，陈士榘意识到，能如此完整而又声情并茂地唱出《国际歌》的不会是一般人。他决定顺藤摸瓜，把唱歌人的情况弄清楚。

陈士榘来到俘房营楼上，问一群坐着的俘房："刚才是谁在唱歌？"这时，一个看起来不到20岁的年轻人站了起来："是我。"

"你唱的什么歌？"

"《国际歌》。"

"你叫什么名字？"

"谭甫仁。"

"你是从哪里学会唱《国际歌》的？"

"广东韶关。"谭甫仁对答如流。

谭甫仁看到值星官年纪和自己差不多，似乎也没什么敌意，于是认定这就是自己的同志，便大胆地把自己的经历和盘托出：

"我是广东仁化县人，原来在韶关参加过北江农军学校第一期训练班，《国际歌》就是在学习期间学唱的。农军学校主任朱云卿是我的入党介绍人。我从农军学校回家后，参加过南昌起义，被打散后，被江西军阀朱培德部收编。这次随赣军二十七师的一个营调往宁冈新城驻防。我心中一直很忧郁，对国民党反动派很不满，只好高唱《国际歌》来排解忧愤和不满，唤起勇气和希望，同时也想用歌声呼唤自己的同志，寻找中国共产党。"

陈士榘一听，谭甫仁说的朱云卿就在井冈山担任团长，于是，派传令兵领他去见朱云卿。在陈士榘的指引下，谭甫仁终于和朱云卿见面了。此时此刻，谭甫仁见到自己的老上级，心情激动万分，只叫了一声"朱主任"，就说不出话来了，热泪扑簌簌地往下掉。

朱云卿见到谭甫仁也很激动，走上前去紧紧地握住他的手说："广居同志（在北江农军学校时，谭甫仁使用广居的名字），你的情况士榘同志都和我说了，你本来是一位共产党员，现在重新回到革命队伍就好了。"

朱云卿一边安慰谭甫仁，一边让他坐下。两位战友在战争途中久别重逢，心里都是说不出的欣喜与激动。谭甫仁最后还不忘请老领导为他在北江农军学校和北上武汉到南昌起义的这段经历，向党组织说明解释。朱云卿笑着安慰他说："这个不用你说我都会跟党组织讲清楚，你安心工作学习就是了，不要背包袱。"

从这天起，谭甫仁就被安排到红军军官教导队学习，不久便担任上士文书、军部士兵委员会干事。他一直同陈士榘在革命队伍中并肩战斗。

后来，陈士榘把谭甫仁这一传奇式的经历报告给毛泽东同志，毛泽东高兴地称赞谭甫仁："这是一棵红色的苗子哩！"

1955年，谭甫仁被授予中将军衔，后来担任过工程兵政委、昆明军区政委。

谭甫仁将军后人在井冈山革命博物馆参观

参考资料

[1] 陈士榘：《井冈山斗争的片断回忆》，载井冈山革命根据地党史资料征集编研协作小组、井冈山革命博物馆编《井冈山革命根据地》（下），中共党史资料出版社，1987。

[2] 杨至成：《一个俘虏兵的故事》，载井冈山革命根据地党史资料征集编研协作小组、井冈山革命博物馆编《井冈山革命根据地》（下），中共党史资料出版社，1987。

毛泽东成了"民主人士"

正当毛泽东潜心投入到创建井冈山革命根据地的艰苦工作中时，中共湘南特委派来的一名代表到了井冈山，在这里引起轩然大波。

这位代表叫周鲁。

周鲁是湖南叙浦人，曾在长沙豆泽中学读过书，后来受中共党组织的派遣，到黄埔军校学习。北伐时担任过指导员。北伐军打到长沙时，周鲁回到衡阳任青年团书记，后来又成了中共湘南特委的军事部长。

1927 年冬天，中共中央开始追究秋收起义失败的原因，因为毛泽东未按中央原定的计划攻打长沙，而是带着部队"躲到"偏僻的井冈山，自然难逃责任。

11 月 9 日，中共中央临时政治局在上海召开扩大会议，这次会议简称为"十一月扩大会议"。出席会议的有：中央临时政治局常委瞿秋白、苏兆征、李维汉，政治局委员任弼时、罗亦农、向忠发、顾顺章，政治局候补委员周恩来、张太雷、李立三、邓中夏、张国焘，重要省委（山东、直隶、河南、江苏、广东、湖南、湖北）或中央分局的代表蔡和森、彭述之、任旭等。共产国际代表罗明那兹也参加了会议。会议由瞿秋白主持。会议通过的《政治纪律决议案》指责湖南秋收起义"完全违背中央策略"，是"单纯的军事投机"。"湖南省委委员彭公达、毛泽东、易礼容、夏明翰，应撤销其现在省委委员资格。彭公达同志应开除其中央政治局候补委员资格，并留党察看半年。毛泽东同志为八七紧急会议后中央派赴湖南改组省委执行中央秋暴政策的特派员，事实上为湖南省委中心，湖南省委所

作（犯）的错误，毛同志应负严重的责任，应予开除中央临时政治局候补委员。"

毛泽东当了三个月的"毛委员"就这样被撸掉了。

当时的中共中央文件是通过秘密地下交通员传递的，从上海传到湖南，颇费时日。而当中央的指示到达井冈山时，已经是1928年3月上旬了。周鲁是通过白区上井冈山的，文件只能记在脑子里。当通过敌人的层层封锁，到达井冈山时，周鲁凭着脑子里那点记忆，给毛泽东宣布的是："中央决定开除毛泽东党籍。"并且鉴于毛泽东已经是"党外人士"，让他改任了师长，原来的师党代表何挺颖（陕西南郑人，上海大学毕业生，时年23岁，1929年年初，率部随毛泽东、朱德向赣南进军，1月24日在大庾战斗中身负重伤后牺牲）接替毛泽东担任师委书记。

当周鲁带来的"中央指示"一宣布，举座皆惊，但毛泽东没有争辩，而是不声不响地挎起了驳壳枪，成为一名党外军事首长。

1956年9月10日，毛泽东在党的八大第二次预备会上，为了说服没能当选中央委员的高级领导干部，现身说法，讲了他在井冈山的这段往事。他说："开除党籍了，又不能不安个职务，就让我当师长。我这个人当师长就不那么能干，没有学过军事，因为你是个党外民主人士了，没有办法，我就当了一阵师长，后来又说这是谣传，是开除出政治局，不是开除党籍。啊呀，我这才松了一口气。"

毛泽东当了近两个月党外人士，直到4月底在湘南看到中央文件的"庐山真面目"，才放下了心中的一块石头。但在当时，毛泽东又受到了周鲁代表湘南特委更为严厉的批评。

进入井冈山以来，周鲁所到之处见到的房屋虽然破旧，但都井然，不如他在湘南所见，处处狼烟，于是心中有了怒气，他责问毛泽东："我们的政策是烧！烧！·烧！烧尽一切土豪劣绅的屋。杀！杀！杀！杀尽一切土豪劣绅的人。可是你们呢，一幢房子都没有烧，行动太右了。"

毛泽东有点光火，又有点疑惑："房子烧光了，我们住哪里？群众住哪里？"

"你这是布尔乔亚！"周鲁说，"我们烧房子的目的就是要让小资产者变成无产者，然后强迫他们革命。"

毛泽东向来看不惯夸夸其谈，不搞调查研究，瞎指挥的人，可是，现在他连党员都不是，怎么跟中共湘南特委派来的代表去理论呢？毛泽东没有过多地与周鲁争吵，他知道，吵是没有用的。最后，他按照湘南特委的要求，把井冈山的部队带往了湘南，策应湘南起义。

既然当师长，就得有当师长的样子。从未拿过枪的毛泽东，腰上挎了一支短枪，虽然样子不如拿笔杆子协调，但毛泽东极认真。

何长工当时担任工农革命军第二团党代表，他回忆当时的情况说："3月上旬，湘南特委代表周鲁来到龙市，我在龙江书院见到他，周鲁传达了湘南特委命令，取消前委，改组师委，要毛泽东当师长，何挺颖当书记，并调部队到湘南去支援湘南暴动部队，我们留下少数人守山。部队经酃县十都，在水口中村集合，正式成立师司令部，宣布毛泽东当师长。毛泽东讲了话，他说，军旅之事，未知学也，我不是个武人，文人只能动笔杆子，不能动刀枪。秀才造反，三年不成，当师长有点悬乎。可是，一个篱笆三个桩，一个好汉三个帮，三个臭皮匠，合成一个诸葛亮，要靠大家。"

虽然毛泽东被"开除"了党籍，可是，在这支由共产党领导的队伍里，毛泽东以其诚恳踏实的作风和领导秋收起义以来树立的崇高威望，仍然是这支队伍事实上的领袖。毛泽东虽然是以师长的身份带领部队前往湘南，可是他所做的一切，仍然是一位党务工作者应该做的。

3月19日，工农革命军到了湖南酃县中村，在这里休息了一个星期。说是休息，只是没有连续行军，没有打仗而已。利用这个空隙，毛泽东给部队上了一个星期的政治课。他把全部人马分成两部分，一部分讲三天，每天有半天时间听讲，半天时间讨论。

早春三月，山间的稻田还是光秃秃一片，于是政治课的课堂便选在了中村前面的干稻田里。

工农革命军排成整齐的队伍，个个身上挂着子弹，捎着枪，席地坐在干枯的禾兜上，毛泽东则因陋就简，面前横放一张从老百姓家借来的小桌子，围绕着他所熟悉的中国革命的形势、任务和特点，侃侃而谈，讲干了嘴，呷一口面前藤花土碗里的凉水。

毛泽东深知，只有让士兵知道为什么而战，才能使士兵知道枪往哪里打。

1928年3月毛泽东奉中共湖南省委命令率部前往湘南途中上政治课的酃县中村

1965年5月毛泽东重上井冈山接见井冈山群众

迄今为止，这是井冈山斗争中时间最长，也是最早、最集中的一次政治教育。后来的赫赫名将罗荣桓、谭政、陈士榘、陈伯钧、谭希林、韩伟等都是这次政治课上虚心听课的学生。毛泽东即使当师长，也是一位政治师长。

1965年5月下旬，毛泽东重上井冈山，他再次感慨地谈起这桩"历史公案"："1927年8月7日，中共中央在汉口召开紧急会议，在这次会议上我被选为中央政治局候补委员。后来曾经把我的政治局候补委员给撤了，还说什么开除党籍。井冈山人也火了，不服气，为我打抱不平，要向中央写报告。我劝他们不要写了，撤职就撤职，有啥子要紧？井冈山人听了我的话，很认真地说：'开除了你的党籍，你就不能当党代表了，但师长总还是可以当的吧。'"

1965年5月毛泽东在井冈山与广大干部群众交谈

参考资料

[1] 何长工：《何长工回忆录》，解放军出版社，1987。

[2] 汪东兴：《汪东兴日记》，当代中国出版社，2010。

[3] 中共中央文献研究室编：《毛泽东年谱》（上），中央文献出版社，2002。

湘南来的特殊部队

1927 年，经历了大革命失败的中国共产党，应该是力量最为薄弱的时期之一，而朱德、陈毅却能在湘南 25 个县市 6 万平方公里的土地上发动一场波及 100 多万人口的大起义，不能不说是一个奇迹。

其实，朱德他们是钻了一个空子。湘南起义初期，正是桂系军阀李宗仁、白崇禧与湖南军阀唐生智的部队打得难分难解的时候，唐生智的地盘一寸寸地让给了李宗仁，他也就无暇顾及湘南的朱德了。

1928 年 1 月，李宗仁如愿以偿地打到了唐生智的老家湖南，粤鄂军阀李济深、杨森看到李宗仁胜券在握，便做了个顺水人情，先后通电讨唐。唐生智憋了一口气，被迫下野，到日本当寓公去了，而原先对他忠心耿耿的老部下后来也纷纷对李宗仁俯首称臣。

李宗仁入主湖南，很快感受到来自湘南朱德的强大威胁，但他小看了朱德，只派了第十七军李宜煊师"进剿"湘南，其结果可想而知。在耒阳，李宜煊连遭败绩。

蒋介石不得不亲自出面，把湘粤军阀联合起来，重兵进击湘南。他一次出动了九个师，另加一个教导团。北面的衡阳一线有第七军第二十师（师长李朝芳），第十三军第二师（师长向成杰），第二十一军第一师（师长罗霖），第八军吴尚一个师。前线指挥部设于衡阳，李朝芳任总司令。南面一线有范石生第十六军第四十六师，第十六军新编第四师（师长彭俊初），第十六军第四十七师（师长曾日唯），第六军军官教导团（团长丁腾），许克祥独立第三师，胡凤璋部第一路游击部。南线的总指挥正是朱德的老同学范石生。前线指挥部设于广东韶关。

　　而湘南真正意义上的革命军只有朱德、陈毅的工农革命军第一师，这个师的兵力也是个虚数，实际上只有一个团的正规部队。各县虽有农军数万，可大部分是手持梭镖、大刀的农民。这时中共湘南特委的一系列"左"的政策等于助了国民党军一臂之力。大敌当前，湘南特委想出了"焦土战略"的应急之策：焦土者，那就是连土都要烧焦。他们认为，要达到让敌人进入湘南之后无法立足，不打自垮，不攻自溃的目的，就要烧毁从耒阳到宜章的湘粤大道两侧五里以内的房屋，实行坚壁清野。

　　结果是，郴州大土豪崔廷彦、崔廷弼兄弟借机收买人心，鼓动农民反水。3月20日，中共郴县县委书记夏明震（夏明翰胞弟）在群众大会上向群众解释烧房子的政策时，"二崔"组织暴徒鼓动不明真相的群众冲击会场，最后导致夏明震当场被砍死，其他县委、县苏维埃政府领导人也无一幸免。工农革命军和各地农军三面围攻郴州城，在三天后才平息了这场叛乱。

郴州城郊（20世纪60年代）

169

但夏明震的鲜血并没能使湘南特委彻底清醒。面对强敌来攻，他们热血沸腾，头脑发热，要集中湘南所有的武装力量全部投入战斗，与敌硬拼。

陶斯亮（中）与曾志的孙子石金龙、石草龙为夏明震烈士扫墓

从南昌走到三河坝，又从三河坝走到湘南的朱德、陈毅、王尔琢等党的高级领导人和老对手的接触已非一朝一夕了，他们很清楚面对的是什么样的敌人。没有真正的优势，只能保证做到死拼，而不能保证做到必胜。权衡利弊，朱德不顾中共湘南特委的反对和阻挠，毅然率工农革命军第一师和湘南农军撤离湘南，向井冈山靠拢。

这是一次经得起历史检验的伟大的战略转移，如果没有这次转移，恐怕就没有日后的朱毛了。

今天的我们很容易认识到朱德、陈毅那次行动的伟大，但当时他们二人恐怕没有这种成就感，甚至还有点不堪其重。因为他们带领的不仅有工农革命军第一师，还有湘南农军；不仅有湘南农军，还有农军的家属。整个部队是一支兵不兵、民不民的"乌合之众"。

曾是这支特殊部队一员的曾志（中华人民共和国成立后任中组部副部长）回忆说："在这支队伍中，有尚在襁褓中的婴孩；也有拄着拐棍的白发苍苍的老姐；有提篮子的、背孩子的、担孩子的；有的梭镖上挑包袱、挑尿布……队伍越走越长，头尾相距十几里。队伍越走越慢，一天只能走二三十里；队伍越走越乱，白天还好一些，到了晚上，四处火光，沿途睡觉，喊声、哭声、叫声此起彼伏，乱成一团。"

彭儒（中华人民共和国成立后任中纪委专职委员）当时是第三师的战士，她回忆说："我们那支农军武器不多，多数是梭镖和大刀，有农民，有水口山的工人，有学生，有男有女，有些农会干部把全家老老少少都带上山来了。不带不行呀！敌人来了要报复，要斩草除根，所以能走的都拖儿带女地带着走。"

陈正人与彭儒夫妇合影

中华人民共和国成立后曾被授予少将军衔，担任过湖南省和山西省军区政委的郑效峰就是这支部队里的一名小孩，当时他只有12岁，是耒阳的儿童团员，和他的三姐夫一起在队伍里吹号。由于年龄太小，有人说他是父亲背上井冈山的，他断然回答说："其实我是走上井冈山的。"

当时队伍里如果没有吴仲廉这样一批人，恐怕这支特殊部队会走得更慢，慢的最后结果就是被消灭。

吴仲廉当时名叫吴统莲，是衡阳女三师的毕业生。有人称赞吴仲廉有三套本领：会用枪杆子消灭敌人，会用笔杆子搞宣传，会用嘴巴子揭露土豪劣绅的罪行。在上井冈山的途中，吴仲廉正是利用她的能说会道，维持

着家属部队的行进。经过她的动员，沿途安置了一些家属，回去了一部分。最后，她又组织起一个担架队，把那些疲惫不堪的老老少少，背着走，抬着走，经过二十多天的跋涉，来到了井冈山。

1987 年曾志重上井冈山时与留在当地的儿孙合影（前排左一石来发，左二曾志，左三石金龙，后石草龙）

参考资料

[1] 彭儒：《从湘南到井冈山》，载井冈山革命根据地党史资料征集编研协作小组、井冈山革命博物馆编《井冈山革命根据地》（下），中共党史资料出版社，1987。

[2] 欧阳毅：《从湘南暴动到井冈山斗争》，载井冈山革命根据地党史资料征集编研协作小组、井冈山革命博物馆编《井冈山革命根据地》（下），中共党史资料出版社，1987。

"没有朱哪有毛?"

1928年4月底，朱、毛井冈山会师，组建中国工农红军第四军。从人数上看，这是一次规模很小的会师，两支部队会师后，人数才不过万人左右，但从对中国革命的进程所产生的巨大影响来看，它却是一次意义非凡的会师，加快了井冈山星星之火的燎原之势，壮大了中国共产党领导下的人民军队的力量，同时也揭开了朱德与毛泽东革命友谊的崭新一页。

1928年3月，毛泽东奉中共湖南省委命令，率工农革命军南下湘南，得到朱德、陈毅分两路向井冈山靠拢的确切消息后，他加快了南下接应的脚步。4月6日，毛泽东率工农革命军第一团离开桂东沙田，向汝城（当时叫桂阳）进发。途经两县交界的寒岭界，与何其朗打了一仗。

何其朗是国民党汝城宣抚团的团长，在寒岭界构筑了坚固工事，号称千人日夜防守。4月6日清晨，何部正吃早饭时，毛泽东指挥工农革命军兵分三路，同时发起攻击。敌人匆忙丢下饭碗，端起枪，但在寒岭界早晨的大雾中却不知对手在何处。这时，四面枪声如炒豆般响起（实际上是群众在炼油桶里放鞭炮），敌军一触即溃。8日，毛泽东攻占了汝城县城，又击溃了胡凤璋的两个排。

几仗下来，就消除了朱德部来井冈山的后顾之忧。

9日，太阳刚出山，毛泽东见掩护朱德的目的已达到，就撤出了战斗，转到资兴龙溪洞休整去了。

毛泽东一路南来，虽然和朱德的部队配合得天衣无缝，却未见朱德部的一兵一卒，直到在龙溪洞才遇见了第一支湘南部队，这支部队就是萧克

湖南汝城战斗遗址

带领的梭镖营。

当时萧克只能估计朱德是往东走，但他确切地知道毛泽东的部队就在东边的酃县一带，他们决定向东去，几经周折，到达了资兴县境的龙溪洞。萧克到达龙溪洞后遇见的第一个人是陈毅安。当听陈毅安说他是"毛师长的队伍时"，萧克明白，他们是孤雁投群了。

毛泽东更没想到，他的目的是来接朱德，却在见到朱德之前，接到了一支要找朱德的部队。然而，听完萧克的汇报之后，毛泽东不由得对萧克另眼相看，对萧克的梭镖营大加赞赏，他拉着萧克的手，高兴地说："好哇，没接到朱德，接到个萧克！"

何长工这时以党代表的身份带着袁王部队跟着毛泽东南下湘南。想着要和朱德、陈毅再次会面，何长工抑制不住兴奋。上次在犁铺头，他是单枪匹马，而这次他的身后跟着一个团，虽说只有六七百人，但他可是堂堂正正的团党代表了。

3月28日，何长工、袁文才、王佐带领工农革命军第二团由酃县中村出发，日夜兼程，向资兴方向赶去，阻击北犯的粤军，掩护陈毅率领的农军。在资兴，何长工遇到了参加湘南起义的邓允庭、李奇中的第七师。同时，也在资兴滁口打了南下以来的第一仗，对手是范石生的部队。

湖南资兴

因为朱德在与范石生告别时双方曾有以后不互相为敌的约定，因此何长工的部队与范石生的部队对垒时颇为"和气"，范石生的部队甚至连工事也不做，而何长工看在他是朱德老朋友的分儿上，打了以后就走，抓到俘虏也不缴械。

与何长工相比，陈毅的对手可就难缠多了。

首先，陈毅所率的队伍远不如何长工的精干，他的队伍且不说由农民组成，还有大批家属，甚至还有整个湘南特委机关，而且尾追陈毅的是国民党第十三军以向成杰为师长的第二师（就是这个师，在陈毅上井冈山后，还一直是井冈山的主要敌人之一）。

陈毅且战且退，到了资兴城，不得不打一仗了。

战斗十分激烈。农军虽然拿出了毒日头下务田的劲头，但这毕竟是打仗，他们拿惯了锄把子的手，拿起刀枪来就是不如国民党军顺手。正当陈

毅感觉快要支撑不住的时候，何长工、袁文才、王佐，还有邓允庭从斜刺里杀了出来。血战之中相见，陈、何二人都无言，曾经想象过无数种会面的情景，就是没想到过这种场面。

与陈毅相比，朱德率领的工农革命军第一师要顺利得多。

朱德是3月29日从耒阳出发的。也许是朱德在湘南闯下的名头太大了，所到之处，竟然不战自胜。沿途的挨户团、保安队之类的地方武装，闻风丧胆，连安仁县县长周一峰听到朱德驾到，也弃城夜逃。朱德率领部队早早地赶到了酃县的沔渡，可是他的心情却一点儿都不轻松：陈毅他们怎样了？毛泽东带领的秋收起义部队为掩护他东进，也还留在湘南。

等到4月中旬，朱德终于等到了陈毅，而让朱德感到意外和惊喜的是何长工也来了。故人相见，特别是经历了生死与磨难的故人相见，更是分外亲热。在沔渡小街上的一间民房里，陈毅、何长工、袁文才、王佐拜见了朱德。袁、王两位"山大王"初见朱德都有些愕然：原来名震湘赣的朱军长，不是他们想象中的那么威风八面，而是和他们手下一个农民老表差不多。

朱德进入酃县，湖南吴尚的第八军也穷追过来。毛泽东发现这股敌军后，和张子清（这时已升任团长）在酃县的接龙桥布置了一场漂亮的阻击战。

接龙桥战斗结束后，毛泽东明白他们来湘南的使命也基本结束了，他对井冈山的思念急切起来，立即带着部队返回到了宁冈。

经过一个月的奔波辗转，毛泽东、朱德的两双大手终于紧紧握在了一起。

1928年4月28日，毛泽东与朱德在井冈山龙江书院文星阁举行了历史性的会面。那天参加会面的有毛泽东、朱德、陈毅、王尔琢、何长工、何挺颖、宛希先、伍中豪、龙超清、袁文才、王佐、胡少海、刘辉霄、邓允庭、龚楚等。这一天的会面中有一个重要的议题，就是共商成立工农革命军第四军的有关事宜。

中国现代历史上的两位巨人就是在这样的山沟沟里走到了一起。

朱毛合二为一，相得益彰，配合默契，其威力远远超出了人们的想象，以至在很长一段时间，有人以为朱毛是一个人。"文革"期间，毛泽东说过的一句话，是朱毛友谊的最好佐证。

鄞县接龙桥战斗遗址

毛泽东、朱德会面旧址：井冈山龙江书院文星阁

1973年12月12日，中共中央政治局会议决定八大军区司令员进行调动。20日，毛泽东在书房里接见八大军区司令员，毛泽东指着身边坐着的

朱毛会面的文星阁外景

朱德，充满感情地对这些将军们说道："老总啊，你好吗？你是红司令啊！人家讲你是黑司令，我总是批他们，我说是红司令，还不是红了吗？""没有朱，哪有毛。朱毛，朱毛，朱在先嘛！"

　　读了井冈山这段历史的人就会知道，毛泽东说的是肺腑之言。

　　如果"朱毛"代表的仅仅是朱德和毛泽东两个名字，那么这个并不很特殊的聚合词也许很快就会被人们忘记，然而朱毛会师在中国历史上搭起了一方新的舞台，这就使得"朱毛"有了非同一般的含义。

　　1928 年 5 月 4 日，朱德、毛泽东两军会师庆祝大会在宁冈龙市隆重举行。会师大会上，成立了中国工农革命军第四军。按照上级的指示，宣布朱德任军长，毛泽东任党代表，陈毅任军士兵委员会主任，王尔琢任军参谋长。军以下辖第十、十一、十二共三个师九个团，一万余人。5 月 25 日，中国工农革命军第四军依中共中央之意更名为中国工农红军第四军。

　　朱毛两部的会师和红四军的建立，开创了井冈山革命根据地的新局面，推动了井冈山的革命斗争继续向纵深发展，使整个根据地进入全盛

朱德旧居：汝城储能小学

红四军建军广场

时期。

粟裕大将在谈及朱毛两部的会师时说："井冈山会师具有伟大的历史意义。它不仅对当时坚持井冈山区的斗争，而且对以后建立和扩大农村革命根据地，坚决走农村包围城市的革命道路，推动全国革命事业的发展，产生了极其深远的影响。"

参考资料

[1] 何长工：《何长工回忆录》，解放军出版社，1987。

[2] 井冈山革命根据地党史资料征集编研协作小组、井冈山革命博物馆编：《井冈山革命根据地》（下），中共党史资料出版社，1987。

[3] 中央文献研究室编：《朱德年谱》，中央文献出版社，2006。

"忆我曾长梭镖师"

1958 年 2 月，陈毅随周恩来一道率代表团访问朝鲜。在朝鲜，陈毅写了一组诗，其中有一首《喜志司规模雄壮整齐》写道："离队数年不自知，今来小驻在志司。欣看装齐军容盛，忆我曾长梭镖师。"

陈毅诗中所说的"梭镖师"即井冈山红四军第十二师，由原湘南农军宜章第三师、耒阳第四师、郴州第七师和永兴、资兴各一个独立团改编而成。这个师有 5000 多人，但只有 400 多支枪，大部分战士手中的武器是梭镖，所以人们称这个师为"梭镖师"。然而就是这个梭镖师，却在朱毛会师后与江西国民党军队的第一场战斗中大获全胜，让人刮目相看。

朱毛井冈山会师，很快引起了国民党南京政府的注意。蒋介石给湘赣两省的国民党军下了个"赳日会剿"的手令。

得到"赳日会剿"的命令后，

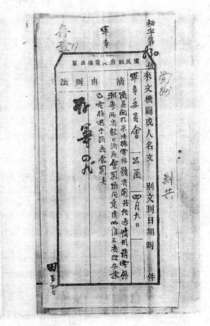

国民党"剿共"文件：国民政府军事委员会公函参字第 923 号［秘字第 830 号］

江西方面的国民党军急匆匆地对井冈山展开了进攻的架势。1928 年 4 月底，国民政府杨如轩师组织了第七十九团、第八十一团两个团从永新县城出动，呈剪刀状向井冈山狠狠地插来。第七十九团为右路军，进驻永新县龙源口；第八十一团为左路军，径直压向遂川。杨如轩则自带第八十团坐镇永新。

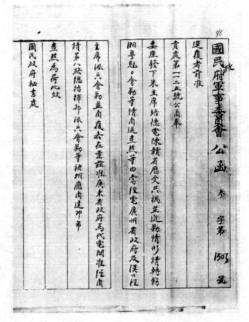

国民党"剿共"文件：国民政府
军事委员会公函参字第 1303 号

杨如轩是靠着井冈山"出名"的，如果没有井冈山，也许中共党史上根本就不会出现杨如轩的名字。而杨如轩又是在井冈山断送了他的"锦绣前程"。

1888 年，杨如轩出生在云南省的宾川县。1907 年，也就是他 19 岁那年，杨如轩在大理陆军第七十六师当二等兵。说起来，杨如轩和朱德、范石生还都是云南陆军讲武堂的同学，而且官职的升迁也与朱德、范石生差不多。1927 年杨如轩跟随朱培德从云南来到江西任国民党军第二十七师师长兼赣军警备司令。

得知敌军来到的消息，红四军的首脑们在宁冈龙市召开了营以上干部军事会议，决定采取"集中兵力，歼敌一路"的作战方针。毛泽东、朱云卿、何挺颖率红军第十一师三十一团往七溪岭方向迎击右路敌军；朱德、陈毅、王尔琢率红军第十师二十八团、第十二师二十九团担任主力，迎战左路敌八十一团；红二十九团为前锋。

红二十九团是以宜章农军为主组建起来的一个团，在井冈山四个主力团（二十八团、二十九团、三十一团、三十二团）当中，是武器装备最差的一个团。曾担任过红二十九团连长的萧克算了一下，二十九团只有两门迫击炮，二百多支枪。萧克所在的连有约三十支枪，这已算是多的了，有的连只有二十几支，甚至十几支，而全团的梭镖倒有八九百支。红二十九团的人走过来，远远看全都是梭镖。而敌人一个营就有三百支枪。但红二十九团的优势是人多，且有冲劲。

黄坳战斗旧址

一直在前面的红二十九团恰恰和有着三百支枪的敌八十一团先头营碰上了。

早晨5点，红二十九团就从井冈山的行洲出发，越过朱砂冲，开往黄坳。刚到黄坳，就与敌人接上火了。

敌八十一团不愧是堂堂的国民党正规军，一接火马上占领了黄坳街后面的两座山头，居高临下。红二十九团一进街口就被敌人的火力压得抬不起头来。团长胡少海见状，也急忙占领了街北的两座山头。打了一阵，红二十九团仗着有一千六七百人的优势就从田埂上冲了过去，结果两个钟头后竟把敌人冲垮了。更让他们欣喜的是，缴获了五六十支汉阳造钢枪。

红二十八团赶到黄坳时，红二十九团已基本结束了战斗，正从水田里面捡枪。红二十八团看到红二十九团的农民兄弟竟能凭着梭镖从敌人手里夺来钢枪，不禁刮目相看。

萧克将军认为，黄坳一战，虽不是什么恶战，但有它特殊的意义："这一仗虽然只缴了五六十支枪，但它是农民部队打的，说明农民部队是能打仗的。湘南起义的宜章农军到这时候，不过三个多月，又从宜章走到井冈山，头一仗就打垮了敌人的正规军，意义是不小的。"

宜章竖起来的明晃晃的梭镖，终于在井冈山直刺云天。

参考资料

[1] 萧克：《四打永新》，载井冈山革命根据地党史资料征集编研协作小组、井冈山革命博物馆编《井冈山革命根据地》（下），中共党史资料出版社，1987。

[2] 中共遂川县委党史工作办公室编：《中国共产党遂川历史》，中共党史出版社，2010。

打败江西两只"羊"

1928 年 5 月中旬，杨如轩纠集起四个团的兵力，再次由吉安向井冈山革命根据地进犯。这次红四军采取的是"诱敌深入"的战术，毛泽东、朱德率领红四军主力部队主动撤出了永新城，有计划地向根据地中心区域退却。

为了迷惑敌人，给敌人造成红军主力西征湖南的错觉，同时根据准确情报，红三十一团一营在营长员一民、党代表毛泽覃的率领下，攻击湖南茶陵县的高陇镇。高陇是湘赣两省的重要通道，而且是当时南京国民政府主席谭延闿的老家，在军事上和政治上都有着特殊的意义。5 月 16 日，一营为夺取高陇与湘敌发生了激战。战斗正激烈时，红二十八团赶来增援，结果击溃高陇守敌，缴枪数百支。但是，这一仗，红军也有一定的伤亡，营长员一民不幸中弹牺牲。

高陇的枪声一响，永新城内的杨如轩认为，红军主力西征湖南，井冈山内部必定空虚，此时不占井冈山，更待何时？

杨如轩将两个团作为主力，从永新城出发，经龙源口向井冈山腹地进发。另外，他也担心红军主力去湖南是为了避开国民党军队，于是又派第七十九团从永新往西，把去湖南的红四军主力牵回来。按他的如意算盘，既能占领井冈山，又能全歼红四军。

杨如轩部署完兵力后，在宁冈的毛泽东知道敌人中计，立即起草书信一封，令通信员火速送给朱德、陈毅，要他们率部突袭永新县城。

5 月 18 日，天刚蒙蒙亮，朱德、陈毅便率红二十八团和红三十一团一

茶陵高陇

员一民烈士墓

营冒着淅沥的小雨，直奔永新。当天，在泥泞的乡间小路上跋涉了 130 多里路的红军主力到了永新西部重镇里田，在这里收拾了敌人一个靖卫团后，第二天又继续向永新进发。

19 日中午时分，红军到了草市坳，从永新出发追赶红军的敌七十九团也到了草市坳附近。这时，草市坳便成了隔开红军与敌军的一道天然屏障。朱德登上高处，察看了一下地形：草市坳位于永新县城与里田之间的中点位置上，西去里田，东至县城，各有 15 里。这里四面环山，一面临水，只有一座大桥通行。朱德心中有底了，他与陈毅、王尔琢等做了迎战部署：红二十八团一、二营负责主攻，正面出击；三营和红三十一团一营助攻，侧面协击；永新赤卫队在周围埋伏接应。

草市坳战斗旧址

午饭过后，敌七十九团大摇大摆地过了草市坳大桥。他们以为红军刚从湖南"溃败"，因而没把红军放在眼里，但是一过大桥便遭到了突如其来的猛烈进攻，一时晕头转向。外号叫"刘胡子"的团长刘安华急忙带着部下撤退，红军紧追不舍，敌七十九团退过桥来，桥东又杀来一彪人马。敌七十九

团只能乖乖地缴械，刘安华也当场毙命。整个战斗只持续了不到一个小时。

接着，朱德又带领红军官兵乘胜杀向永新城，城内一时大乱。城里的士兵听到激烈的枪声由远而近，急忙向杨如轩报告。正陶醉在留声机动人音乐声中的杨如轩毫不在意地说："没有事的，我已派了七十九团到前面去了。"再过了一会儿，又有人来报告。被打断了雅兴的杨如轩气不打一处来，将来人狠狠地臭骂了一通。

枪声越来越近，却没人敢再向杨如轩报告了。直到一颗流弹击碎了杨如轩头上的瓦片，他才知道大事不妙，急忙提着手枪冲出门外。但是，这时的永新城大街上已乱成了一锅粥，人们东逃西窜，行李辎重遍地都是。杨如轩见街上寸步难行，连忙就近爬上了城墙，一纵身跳了下去。正在这时，又一颗流弹飞来，正中杨如轩的左手，他一个跟斗栽了下去。几个马弁急忙架起他向吉安逃去。

红军乘胜第二次占领了永新县城，缴获步枪 400 支，迫击炮 7 门，山炮 2 门，机关枪 1 挺，大洋 20 余担。

草市坳的硝烟还未完全散去，杨如轩便草草包扎好伤口，带着剩下的两个团再次向井冈山革命根据地袭来。这次杨如轩不再孤军奋战，江西敌军杨池生带了两个团，湖南敌军吴尚也派了三个团，这样进攻之敌达到了七个团，他们采取"分进合击"的战术向井冈山杀来。虽然有了前两次退敌的成功经验，但红军的高层领导人在战术上仍然十分重视敌人，决定采取"对赣敌取攻势，对湘敌取守势"的作战方针，打破敌人的合击。

毛泽东率红三十一团，朱德、陈毅、王尔琢率红二十八团和红二十九团从两个方向先后进入湖南的酃县。

得到红军主力进入湖南的消息，杨如轩再次做出错误判断，他认为根据地内部空虚，于是带着三个团经七溪岭向井冈山扑来，前线总指挥杨池生领两个团坐镇永新城。

七溪岭位于宁冈与永新的交界处，由新、老七溪岭组成，也是永新通往宁冈的主要通道。杨如轩三个团向七溪岭杀进，红四军三个团在七溪岭迎战，双方兵力旗鼓相当。

6 月 23 日是端午节。一大早，红二十九团团长胡少海便带部队抢占了新七溪岭的制高点。红二十九团不多的几支钢枪加上大量的梭镖、大刀与装备精良的敌人相比，顿时相形见绌，打阻击战梭镖更是发挥不出威力。不久，敌人就靠充足的弹药占了上风。关键时刻，红三十一团一营赶到，加入战斗，双方进入拉锯战中。

在老七溪岭方面，当王尔琢和何长工率红二十八团赶到时，迎接他们的是先他们而来的杨如轩两个团的疯狂扫射。红二十八团的几次冲锋均未成功，王尔琢便组织了几个冲锋集群，向敌人轮番冲击，不久，敌人开始败下阵去。混战中，杨如轩右臂又中弹。

新七溪岭的敌人听说老七溪岭被红军占领，无心恋战，向龙源口方向逃去。红军将逃敌追到龙源口大桥，全歼敌人。红二十八团也将敌军赶到龙源口，团团包围起来，痛痛快快地结束了战斗。

红四军宣传科写在永新西乡的标语：不费红军三分力，打败江西两只"羊"

龙源口大捷后，红军在永新的西乡写下这样的标语："不费红军三分力，打败江西两只'羊'（杨），真好，真好！快畅，快畅！"两只"羊"指的就是杨如轩和杨池生。

龙源口大捷遗址

龙源口大捷中红四军用过的军号

参考资料

　　萧克:《四打永新》,载井冈山革命根据地党史资料征集编研协作小组、井冈山革命博物馆编《井冈山革命根据地》(下),中共党史资料出版社,1987。

朱德与他的花机关枪

　　井冈山的红军官兵都知道，朱德身为红四军军长，却喜欢使用花机关枪，特别是在战斗最激烈的时候，总能看到朱德手持花机关枪，冲到战斗的最前沿，使官兵士气大振。他的警卫排用的也都是花机关枪。花机关枪即德国制 MP18 冲锋枪。北洋政府建立的巩县兵工厂 1926 年开始仿制 MP18 冲锋枪，改用当时流行的 7.63 毫米毛瑟手枪子弹，因为枪管外有网状散热套，俗称"花机关枪"。

　　在井冈山第一次反"会剿"的战斗中，红军官兵又一次看到了朱德和他的花机关枪的神威。

　　6 月 22 日，国民党方面杨如轩带两个团，由白口向老七溪岭前进，杨池生部李文彬带一个团由龙源口向新七溪岭前进。

　　就在杨如轩与李文彬分抵白口与龙源口的那天下午，军委书记陈毅在宁冈新城主持召开军委会议，营以上干部全部参加。会议决定：朱德、陈毅、胡少海率红二十九团和红三十一团一营在新七溪岭迎战李文彬，王尔琢、何长工率红二十八团在老七溪岭迎战杨如轩。

　　七溪岭位于永新与宁冈两县之交，是永新通往宁冈的主要通道。山高路险，树高林密，怪石嶙峋。山中有一深谷，名为"吊谷上仓"，可以想见其险峻。也许正因其险而难越，行人多为其所累，所以七溪岭上凉亭奇多，几乎每隔二三里即有一个。从龙源口大桥沿山而上，步行二里，便有一凉亭名登山亭；又行二里，有太山亭；再行二三里至山顶，有望月亭（可以望月，可见其高）。过了望月亭，有下马铺，骑马者须步行才能通

新七溪岭战斗中朱德的指挥所旧址：望月亭

过，故名。再往前有慈庆亭，下到半山腰有龙凤亭，到了山脚下还有一个松涛亭。

就是6月23日这关键的一仗中，面对四面八方来攻的敌军，朱德和陈毅将指挥所搬到了望月亭。在望月亭，朱德手提花机关枪向敌人扫射。

朱德在望月亭上的这一形象深深地印在了官兵们的脑海中，曾经经历过这一场残酷战斗的老红军回忆起当时的情况来，无一例外地都提到了朱德给他们留下的深刻印象。

刘型："龙源口战斗时，朱德同志亲自在新七溪岭的望月亭指挥。"

赖毅："七溪岭战斗中，朱老总提着花机关枪亲自打，这是我亲眼看见的，他的几个传令兵都背着花机关枪。"

何长工："新七溪岭打得很激烈。朱总司令带一个警卫排也投入了战斗，总司令帽子一边被打了一个窟窿眼。"

在这次战斗中右脚负伤的萧克说："朱德同志身边有四支手提机关枪和一支花机关冲锋枪。他叫其他的战士和部队站到山后边，派了这几支机

192

朱德在龙源口战斗中用的花机关枪

关枪，守在那个路口上。敌人冲上来，我们的手提机关枪一阵射击，把敌人打下去。敌人又冲上来，又把他们打下去。虽然只是几支机枪，但我们目标小，好隐蔽，且火力集中，这样敌人怎么也冲不上来。"

身先士卒（油画作者：郑洪流）

朱德屹立在望月亭上手持花机关枪亲自向敌人扫射的高大身影，鼓舞了全军将士，再加上援军来到，使得红军在七溪岭大获全胜，继而乘胜追击，取得了龙源口大捷，粉碎了敌军的"会剿"。

参考资料

[1] 井冈山革命根据地党史资料征集编研协作小组、井冈山革命博物馆编：《井冈山革命根据地》（下），中共党史资料出版社，1987。

[2] 江西省永新县志办公室编：《永新苏区志》，南海出版公司，1990。

"十六字诀"的由来

"十六字诀"是红军游击战争作战的指导原则，即"敌进我退，敌驻我扰，敌疲我打，敌退我追"。"十六字诀"的基本精神是，从敌大我小、敌强我弱的基本特点出发，利用农村的政治、经济和地形等有利条件，扬长避短，灵活机动，以求保存和发展自己，消灭敌人，逐步改变敌我力量对比，夺取游击战争的胜利。但是很少有人知道，"十六字诀"竟然还与井冈山的一位绿林人士有着联系。

在20世纪20年代，井冈山是绿林土匪相当集中的地方。井冈山一带的茫茫林海最适宜滋生绿林土匪——平时下山"吊羊"，官军来了往林子里一钻，任凭多少官军也找不到。

绿林土匪最盛时期，井冈山有三十余股。绿林土匪的名称也繁多，有"马刀队""鸟铳队""长枪队""驳壳队"，甚至还有叫"抢妻队"的。朱聋子的绿林队伍没有名称，但他是井冈山最早也是势力最强大的一支，连王佐未出道时都曾是他手下一个名不见经传的小卒子。朱聋子之所以能拥有这么大的势力，是他有一样法宝，就是他在对付官军进剿中总结出来的一条战术原则。他把它总结为两句话："不要会打仗，只要会打圈。"

朱聋子一语道破天机。在井冈山，他只要打一个圈，官军就得累个半死。但是，朱聋子这句话还是有缺陷的，正因为这样，他最后落了个孤家寡人的下场，只身逃回他的老家广东。后来工农革命军来了，研究了半天，毛泽东把这两句话改动了一下，变成了"既要会打圈，更要会打仗"。

两字之差，意境大变。打圈是消极，而如果在打圈的过程中避实击虚，歼灭敌人，就上升了一个层次，所以毛泽东说"更要会打仗"。

1927 年 12 月，毛泽东在江西茶陵与战士们笑谈战术，说了一段极精彩的话：打得赢就打，打不赢就走；赚钱就来，蚀本不干。这就是我们的战术。

按照这个战术，毛泽东在井冈山很少做蚀本的买卖。随着战斗的增多，毛泽东对游击战术也逐渐开始了从实战到理论的升华。

1928 年 1 月，工农革命军攻克遂川县城。回顾上井冈山以来两个多月的战斗历程，毛泽东在五华书院召开的中共前委和遂川、万安两县委的联席会议上，对万安的同志面授机宜："敌来我走，敌驻我扰，敌退我追。"这是毛泽东第一次比较系统地总结出来的"十二字诀"。

中共前委和遂川、万安县委联席会议旧址：五华书院

然而，这以前，虽然也有几次战斗，但毕竟只是小打小闹，毛泽东一直没有机会很好地让他的理论在实践中发挥更大的作用。和朱德会师以后，机会终于来了。

湘赣两省的国民党军以七个师进击井冈山红军，正好给朱毛提供了一个大放异彩的机会。朱德是云南陆军讲武堂的毕业生，有在云南十年剿匪的经验，再加上欧洲游历的经验，还在苏联系统地学习了西方军事理论。有了理论与实践的结合，朱毛终于在井冈山总结出符合当时战争实际的战略战术。

经过黄坳、五斗江、高陇、草市坳等几次战斗，"十六字诀"呼之欲出。

据有的老红军回忆，草市坳战斗后，红军再占永新。几天后，毛泽东在永新城召开干部会议，结合红军的战法，旁征博引，大讲古今中外的战例。正是在这次会上，毛泽东第一次完整地推出了"十六字诀"，他说："白军强大，红军弱小，我们以

红军时期的朱德

弱斗强，只能采用游击战术。什么叫游击战术？简单扼要地说，就是'敌进我退，敌驻我扰，敌疲我打，敌退我追'的十六字诀。"

目前，我们从文字上所能得到确认的完整的"十六字诀"，见于1929年4月5日毛泽东在瑞金起草的《前委给中央的信》：

我们三年来从斗争中所得的战术，真是与古今中外的战术都不同，用我们的战术，群众斗争的发展是一天天扩大的，任何强大的敌力是奈何我们不得的。我们用的战术就是游击的战术。大要说来："分兵以发动群众，集中以应付敌人"，"敌进我退，敌驻我扰，敌疲我打，敌退我追"，"固定区域的割据，用波浪式的推进政策"，"强敌跟追用盘旋式的打圈子政策"，"很短的时间，很好的方法，发动群众"。这种战术正如打网，要随时打开，

又要随时收拢，打开以争取群众，收拢以应付敌人。三年来都用这种战术。

这是井冈山自 1927 年到 1929 年三年游击战术的一次大汇总。确切地说，每个字都凝聚着红军战士的鲜血。

毛泽东对从井冈山创造出来的"十六字诀"珍爱至极。1930 年的冬天，蒋介石调集十万大军向瑞金中央革命根据地发动了第一次"围剿"。在三万红军主力的反"围剿"誓师大会上，毛泽东亲自拟就一副楹联，不忘在楹联中嵌入"十六字诀"：

敌进我退，敌驻我扰，敌疲我打，敌退我追，游击战里操胜算；
大步进退，诱敌深入，集中兵力，各个击破，运动战中歼敌人。

当然，不能绝对地将"十六字诀"归功于某一个人，它应该是集体智慧的结晶，毛泽东、朱德、陈毅、王尔琢以及许许多多红军指战员都是它的创造者与应用者。

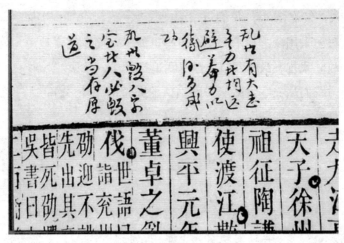

朱德读《三国志》眉批

后来，1936 年 12 月，经过长征洗礼的毛泽东在陕北窑洞里就有关中国革命战争战略方面诸问题写了一本小册子，这就是著名的《中国革命战争的战略问题》。在这本书中，毛泽东站在理论的高度上给予了"十六字诀"高度评价：

从一九二八年五月开始，适应当时情况的带着朴素性质的游击战争基本原则，已经产生出来了，那就是所谓"敌进我退，敌驻我扰，敌疲我打，敌退我追"的十六字诀。……十六字诀包举了反"围剿"的基本原则，包举了战略防御和战略进攻的两个阶段，在防御时又包举了战略退却和战略反攻的两个阶段。后来的东西只是它的发展罢了。

在抗日战争和解放战争中，人民军队一次又一次地检验了"十六字诀"，并且证明它是行之有效的。

参考资料

[1] 井冈山革命根据地党史资料征集编研协作小组、井冈山革命博物馆编：《井冈山革命根据地》（上下），中共党史资料出版社，1987。

[2] 毛泽东：《中国革命战争的战略问题》，选自《毛泽东选集》第 1 卷，人民出版社，1991。

"工"字银圆

"工"字银圆 1

"工"字银圆 2

1928 年 5 月下旬，为了应对国民党军对井冈山越来越严密的经济封锁，解决现金不足的困难，湘赣边界工农兵政府成立以后，在井冈山上井村创办了红军造币厂。

红军创办造币厂有一定的基础。20 世纪 20 年代初，广东龙川县有个银匠世家谢家，在兵荒马乱中，谢荣珍、谢荣光（又叫谢火龙）兄弟等迁徙到江西遂川县的五斗江避难，后又移居井冈山湘洲的东坑村。谢氏兄弟不善务农，便利用造银器的特长，在东坑偷偷铸造假银圆。后来，官府下令取缔，并通缉谢火龙。王佐拉起绿林军后，闻知此事，把谢火龙接上山来，专造"花边"（井冈山当地对银圆的俗称），以供绿林军用。毛泽东部上山后，王佐的花边厂便停工了。1928 年 5 月下旬，袁文才任湘赣边界工农兵政府主席，他目睹湘赣两省国民党军的经济封锁造成的严重困难局面，想起王佐曾办过花边厂，于是，请示毛泽东及边界特委同意后，重新聘用谢火龙等当师傅，办起造币厂，归属王佐负责的防务委员会直接领导。

王佐早年在井冈山湘洲办的造币厂

造币厂设在井冈山上井村一位邹姓农民家里，同时分别在黄洋界下的牛路坑及茨坪设立银圆粗坯车间。生产规模扩大后，又从跟随秋收起义部队上山的水口山铅锡矿工人中抽调部分人员充实到造币厂。说是造币厂，其实生产设备极其简陋，全是沿用乡间打铁的风箱、火炉、铁钳等，另外置办了熔银器、冲压架。在厅堂中架起一个高一丈、宽六尺的硬木架，安放着一对中间嵌入印模、重约五百斤的花岗石。下印模石固定在冲压架的下端中央，上印模石一头系上绳索，穿过顶架滑轮。生产时一人将上印模石拉起，一人及时放上粗坯、倒入熔化好的白银；如此一放一拉，冲压成模，每开炉一次，生产"花边"四五百枚。

造币厂使用的原材料，主要来源于打土豪所得的各种银质器具。花边印模是墨西哥版的"鹰洋"。为使这种银圆与历代官府生产的"鹰洋"有

所区别，造币厂工人在银圆上凿个"工"字。因此，边界军民将其称作
"'工'字银圆"，意为工农兵政府发行的银圆。

"工"字银圆投放到市场后，商人和群众开始感到很生疏，不敢用，
因"工"字银圆虽系纯银，但技术方面毕竟比较粗糙。后来，经各级苏维
埃政府大力宣传，广大群众和外地商人知道是红军工厂铸造的，又是纯银
制品，便纷纷使用。对此，当年红四军军需处处长范树德回忆说："我们
曾经制造过，那种银圆，是用首饰上的银子，如银手镯、银戒指等为原料
的，制造成的银圆不是'袁大头'，现在很多人未见过。它不是平的，是
一个凹形的，用钢印打上'工''人'，或者'七''八''九'等字样，
我们将它等同于'袁大头'发给部队去用。但在开始时，当地人民特别是
根据地外的人觉得这种银圆生疏得很，在市场上使用很不习惯，有点不相
信。但一些有财有势的人，见银圆打上一个'工'字，就说：这是真的银
子，可以在市面上流通。于是我们就广泛地进行宣传……慢慢地人民就相
信了，后来当地人民对这种凹形银圆很信得过。"

红军造币厂使用过的坩埚 1　　　　红军造币厂使用过的坩埚 2

毛泽东、朱德、陈毅等根据地领导非常重视造币厂的工作。1928 年 6
月上旬，毛泽东、朱德等还陪同中共湖南省委巡视员杜修经视察造币厂，
鼓励工人们积极生产，强调要提高银圆质量。

此后，为了解决造币厂的银质原料来源问题，毛泽东命令部队每打下
一处城镇、一家土豪，都要注意收集银器，交军需处备用。

1928 年冬，湘赣国民党军对井冈山革命根据地发动第三次"会剿"，
造币厂迁至大井的铁坑和下井的桶缸山，继续坚持生产。直至国民党军占

领井冈山后，工厂被破坏，才被迫停产。

湘赣边界防务委员会将铸造出来的"工"字银圆成批地交给湘赣边界工农兵政府财政部和红四军军需处。财政部和军需处则将这些"工"字银圆按五十枚一筒，用油纸卷好，按规定分发给红军各级部队，后方各工厂、单位及地方各级政府，在根据地内流通使用。

"工"字银圆在根据地内广泛流通使用，深受广大工农群众欢迎。湖南桂东、酃县及江西万安、泰和等地的商人冲破国民党军封锁，偷运各种物资到根据地内搞物资交易，也纷纷将官府银圆兑换成"工"字银圆，从而使"工"字银圆在井冈山革命根据地内外广泛流通使用，进一步扩大了井冈山革命根据地的政治影响。

井冈山上井红军造币厂旧址

井冈山红军造币厂制造的"工"字银圆，是中国共产党早期领导的苏维埃政府首次铸造的，是与历代官府发行的货币相区别的红色政权的银圆。虽然"工"字银圆的制作工艺还处在较为原始的阶段，但是它为根据

地军民克服资金、给养的困难找到了一条正确的途径。"工"字银圆加强了红色区域内外的货币流通，活跃了根据地的经济，为繁荣集市贸易起到了积极作用，在湘赣两省内扩大了红军和红色政权的政治影响。对打破国民党军的经济封锁起了很大作用。后来，在井冈山红军造币厂的基础上，以永新为中心的湘赣省苏维埃政府创办湘赣省造币厂时，依然聘请原井冈山红军造币厂的师傅，继续大量生产"工"字银圆。井冈山时期"工"字银圆的铸造和流通，成为中国新型人民货币的萌芽，为以后的中央苏区乃至后来新中国的货币制造提供了经验。中华苏维埃工农民主政府成立后，便大量发行苏区的钞票。从"工"字银圆的诞生，到苏区钞票的发行，这个重要的历史过程，显示了红色政权所具备的强大经济生命力。

参考资料

［1］井冈山市地方志编纂委员会编：《井冈山志》，新华出版社，1997。

［2］井冈山总工会编：《井冈山革命根据地工人运动史》，中国工人出版社，2015。

永新困敌

永新困敌，是井冈山革命根据地第二次反"会剿"期间，毛泽东亲自领导的一次成功的游击战，这次战斗创造了红军游击战史上的一个奇迹。

1928年7月中旬，江西国民党军队王均、金汉鼎5个团，胡文斗6个团，共11个团的兵力，集结于永新，准备彻底"清剿"红军。这时，红四军二十八、二十九团等主力已开往湘南，永新只有毛泽东、宛希先、朱云卿、何挺颖等率红三十一团驻守。在敌我力量悬殊，相差11倍的情况下，毛泽东在永新西乡召开了干部会议，研究对付敌人的办法。会议决定派谭震林潜入永新城，组织收集情报，随时向城外传递消息；将红三十一团分成东、北、中三路，每路成立行动委员会，负责各路的军事行动。会议还决定充分发动群众，用广泛的游击战术，对付敌人的"进剿"。

东路行动委员会驻永新东乡石桥，毛泽覃、陈毅安率一营二、三两个连负责作战；中路行动委员会驻永新县城附近，由团长朱云卿、党代表何挺颖指挥团部特务连和三营九连作战；北路行动委员会驻永新北乡虚皇山，由三营营长伍中豪和营党代表宛希先指挥一营一连和三营七、八连作战。三路行动委员会相互配合，通力协作，共同抵御11个团敌军的侵犯。

毛泽东和永新县委一起，多次召集群众大会，号召永新全县群众紧急行动起来，和红军一起打破敌人的进攻，保卫红色政权，保卫土地斗争的成果。

在党组织的领导下，永新人民群众迅速组织起来，由3万多人组成23个团，分别参加红军各路行动委员会的军事活动。除组成部队直接参战

外，其他群众也纷纷组织起来，热情为红军送茶送饭，运输弹药，站岗放哨，捕捉敌探，慰问战士，看护伤员。永新全县，到处都是军民并肩战斗、共同歼敌的战场，江西敌军陷入军民联防的重重包围之中。

永新地方武装用过的煤油桶

永新地方武装用过的土炮

永新困敌战斗旧址：虚皇山

永新广大军民在毛泽东、宛希先、朱云卿、何挺颖的率领下，用四面游击的战术，日夜骚扰、袭击敌人。他们声东击西，忽南忽北，停停打打，真真假假，把敌人弄得惶惶不可终日，只得成天缩在县城附近不敢妄动一步。敌人偶尔派出小部队活动，也常常遭到毁灭性的打击。那时的永新，白天，县城郊外处处是红旗和梭镖；晚上，满山遍野点燃了通红的火把。

就这样，红四军三十一团和永新广大人民群众筑成的铜墙铁壁，把赣敌11个团围困在永新县城周围30里内达25天之久，遏制了敌军向根据地中心的推进，创造了红军游击战争史上的奇迹。

杨开明（杨克敏）后来在给中央的汇报中总结道："我们所占的优势是：（1）地势熟谙；（2）敌情较明；（3）以逸代（待）劳；（4）历次败敌，敌畏我威；（5）每次作战都有群众参加，把军队杂在群众中去对付敌人，可以说得到群众的拥护；（6）采用游击的群众战术，军队与群众在敌前后左右，扰乱敌人，使敌人难以应付。敌人则完全反是，地势又不熟，我们的情形他全莫名其妙，又无群众帮助他们，士兵都惧怕我们作战的勇敢，所以我们得以极少的部队与多数倍于我们之敌周旋十余日至二十五日之久，敌终无奈我何。"

参考资料

［1］杨开明：《关于湘赣边苏区情况的综合报告》，载井冈山革命根据地党史资料征集编研协作小组、井冈山革命博物馆编《井冈山革命根据地》（上），中共党史资料出版社，1987。

［2］毛泽东：《井冈山的斗争》，《毛泽东选集》第1卷，人民出版社，1991。

红四军第一任参谋长王尔琢

王尔琢

王尔琢是井冈山红四军参谋长兼红二十八团团长。红二十八团由南昌起义余部改编，是北伐第四军叶挺独立团的老底子，当时，林彪就是红二十八团一营营长。

南昌起义后，王尔琢随朱德下广东，转湘南，后来又上了井冈山。王尔琢政治上坚定，军事上有才干，作战勇敢，指挥有方，成为共产党最早的武装力量之一红四军的第一任参谋长，是红军初创时期的一位著名将领，在红军中有很高的威信。可惜的是在井冈山"八月失败"中，王尔琢却牺牲在叛徒的枪口之下。

王尔琢是湖南石门人，1903年1月22日出生于一个小康之家，早年在湖南省立甲种工业学校读书，1924年2月考入广州黄埔军校第一期。1927年7月，王尔琢来到南昌，在国民革命军第十一军二十五师七十四团任参谋长，参加南昌起义。随后，他随起义大军撤出南昌，挺进广东。起

208

义军主力在潮汕地区失利后，王尔琢随朱德在粤、湘、赣边境打游击。他不仅指挥打仗，还兼做战士们的思想工作，鼓舞士气，稳定大家的情绪，成为朱德的得力助手。

部队在韶关驻扎时，进行了一次系统的军事训练，王尔琢负责整个训练的具体实施。他整天忙碌，头发顾不上理，胡子也老长老长的。何长工从井冈山下来与朱德联络时，看到王尔琢的样子，便和他开玩笑说："你这把胡子，快赶上马克思了。"王尔琢笑着说："革命不成功，我一不剃头，二不刮胡子！"这虽然是谈笑之言，却表现了他坚定的革命信念。

1928年年初，王尔琢协助朱德发动湘南起义，陆续攻占了郴州、资兴、永兴、耒阳等几个县，当时人们把王尔琢和朱德、陈毅、毛泽覃一起并称为"四大金刚"。

1928年7月，湘赣两省敌军开始对井冈山发动第二次"会剿"。中共湖南省委没有仔细分析当时敌我双方的形势，受"左"倾盲动错误的影响，要红军大队冒进湘南。二十九团官兵大部分是湘南农军，家乡观念重，思乡心切，听说省委有指示要去湘南，都嚷着要回老家。部队只得开往湘南，攻打郴州。

攻入郴州后，二十九团不听招呼，一部分战士还围住朱德提出要回乡。有的说："我们离家已经很久了，树随山栽，人随田耘，我们要请假回去割禾。"有的说："春起秋头，累死水牛。这个时候不回去，一家老小怎么活啊？"个别战士还骂骂咧咧的："不批假期我也得回去，不信能砍我脑壳！"王尔琢正在吃饭，看见这种情形，一气之下摔掉饭碗，大声喊道："党代表，吃过饭集合。"二十八团党代表何长工忙问："集合做什么？"

"我要缴二十九团的械。他们包围军长，要求下命令让他们回老家，你说荒唐不荒唐？"何长工说，"错就错在当初没有混合编团，一个县编一个团最容易引起农民的乡土观念。现在不能来硬的，最好开个连长、党代表联席会议，说服他们。"

但是，敌人经过休整之后，当天下午就开始反攻郴州城了，部队领导行动匆忙，失去了深入做二十九团思想工作的时机。二十九团的大部分官兵都趁撤退之机，径直朝老家宜章撤去，再也收拢不起来，后来只有萧克带了100多人追上了红军大队。王尔琢把二十九团的余部都编入二十八团。

8月下旬，王尔琢与朱德等一起率二十八团返回井冈山，当部队走到江西崇义县境内的新义圩时，发生了二十八团二营营长袁崇全叛变投敌的事件。

当红军大队向湖南桂东方向转移时，二营4个步兵连以及团部机枪连、迫击炮连担任前卫，袁崇全伙同二营党代表杜松柏、副营长曹振飞等人利用这个机会，擅自带领这支队伍向思顺圩方向开去，企图脱离大队，公开投靠赣敌刘士毅。

在行军途中，有几个连的连长发觉行军的方向不对，得知了袁崇全叛变的阴谋。于是，迅速带着连队脱离了他们。先后有3个步兵连和1个机枪连摆脱了袁崇全的控制，安全返回大队，并向军部做了汇报。但是袁崇全继续胁迫1个步兵连和1个迫击炮连向崇义方向疾逃，并给朱德送来一封信，信末署名七个人。信中除咒骂党和红军外，还指名要枪毙朱德、陈毅、王尔琢、何长工等人。朱德气愤地说：“无论如何要把这七个败类抓回来，把受蒙蔽的部队引导回来。只要我们想办法揭穿袁崇全的阴谋，士兵们就会觉悟，一定会反戈一击。”

当天晚上，袁崇全带着两个连驻扎在崇义思顺圩。王尔琢因为和袁崇全是湖南石门同乡，又是黄埔军校同学，因此自告奋勇，愿意亲自去做说服工作，争取把他们劝回来。

王尔琢带领一个警卫排匆匆赶到思顺圩。在此之前，二十八团一营的100多名红军战士已包围了思顺圩。这时，天已渐渐黑了下来，四周变得非常寂静。袁崇全住在圩镇上的寿昌杂货铺，正在搓麻将。王尔琢一下马就走进村子里，向被胁迫的战士喊话：“我是团长王尔琢，你们不要害怕，我是来接你们回去的！”又特意对袁崇全喊道：“袁崇全同志，你有什么意见就说出来，不要采用这样的手段！”

许多战士听到团长的声音，纷纷跑了过来。袁崇全见势不妙，立即离开牌桌，拿起两支驳壳枪，冲到门口，便向王尔琢开枪射击。一梭子子弹正好击中王尔琢的胸部，顿时血流如注，年仅25岁的王尔琢当场倒在血泊之中……

朱德、陈毅等人闻讯后，立即赶到了思顺圩。战士们掩面而泣，朱德也流下了悲愤的泪水。第二天，大家把王尔琢烈士安葬在思顺圩旁的虎形

崇义思顺全景

思顺王尔琢烈士墓

岭上。10月中旬，红军回到井冈山后，在龙市会师广场为王尔琢烈士举行了隆重的追悼大会。毛泽东十分悲痛，亲自拟就了一副挽联，由陈毅书写，悬挂在追悼大会的会场上。挽联为：

一哭尔琢，再哭尔琢，尔琢今已矣！留却重任谁承受？

生为阶级，死为阶级，阶级后如何？得到胜利方始休。

参考资料

[1] 井冈山革命根据地党史资料征集编研协作小组、井冈山革命博物馆编：《井冈山革命根据地》（下），中共党史资料出版社，1987。

[2] 星火燎原编辑部编：《星火燎原丛书之一·井冈山斗争专辑》，解放军出版社，1986。

黄洋界上炮声隆

1928年8月底，毛泽东去湘南接应红军大队尚未归来，根据地内兵力空虚。湘赣两省敌军趁这个机会，组织了4个团，会攻黄洋界，企图从此打开缺口，攻入根据地的腹地大小五井和茨坪，一举摧毁整个根据地。湖南吴尚部的3个团由酃县进攻宁冈大陇，江西王均部的1个团由永新向宁冈茅坪推进。

消息传来，正在永新山区开展游击活动的红三十一团团长朱云卿、党代表何挺颖、一营营长陈毅安，立即率部赶回井冈山，准备打退敌人的进攻，保卫井冈山。

朱云卿　　　　　　何挺颖　　　　　　陈毅安

8月29日，何挺颖在大井主持召开连以上干部会议。他说：目前革命处于低潮时期，只剩下井冈山若干小块红色政权，我们必须以生死与共的

决心，坚守井冈山。只要井冈山的红旗子不倒，我们的胜利就会有更大的希望。接着，团长朱云卿做了战略部署：红三十一团一、三两个连和大小五井的地方武装作为主力，守卫黄洋界哨口，阻击湘敌进攻；红三十二团二营即袁、王的部队扼守桐木岭、朱砂冲两个哨口，警戒遂川、永新方向的敌人；张宗逊为连长的红三十一团二连在半山腰上袭扰、迷惑敌人。

　　会议结束后，井冈山军民立即投入紧张的战斗准备工作。大小五井的群众，家家户户赶削竹钉，搬运木头和石块帮红军构筑工事；赤卫队队员们赶制土枪土炮，组织担架队；妇女组织支前队，负责给红军和赤卫队送饭送水，看护伤员；医院的伤员们也积极请战，参加备战工作；红军指战员更是立即进入作战地点，加固工事，修缮营房，做好了歼敌准备。很快，井冈山红军在黄洋界哨口左、右两个工事的前沿，设下五道防线：第一道为竹钉阵。在通往大陇方向小路两旁的草丛里插了三里的竹钉，通往茅坪方向小路两旁的草丛里插了四里的竹钉。这些竹钉是山上军民用竹子制作的两端尖利的武器，竹钉削好后均在锅里炒干，再放在马尿里浸泡过，既坚硬又有毒，一端插在泥土里，一端露在地上。因为它体积小，所以不易被人发现。敌人一脚踩上，就会被穿透鞋底，刺破脚板，不仅流血不止，疼痛难忍，而且伤口会化脓溃烂，不易治愈。第二道是壕沟。军民们在工事前沿的半山腰中拦山挖断，筑成深五尺、宽四尺左右的壕沟，以延缓敌军进攻的时间。第三道是竹篱笆围栏。军民们就地取材，将竹子切为五尺长的一段，破开后，将两端削尖，一端插在壕沟上首的地上，并编织成篱笆，再用木桩固定，让敌人难以逾越。第四道是滚木礌石。军民们仿照古人的战法，将大树锯成四五尺长的一段，堆放在工事前沿的悬崖处，树两端用藤条拴住，树干上再垒上一大堆石块。敌军进攻时，将藤条砍断，木头、石头就一齐朝山下翻滚下去，势不可当，山民们又称其为"仙女

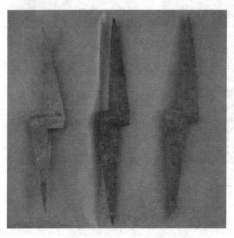

黄洋界保卫战中使用的竹钉

散花"。第五道是用木头、石头及泥土垒筑而成的射击掩体，既有单个地堡式的，也有几个掩体连接起来的串通式的，这是红军哨口的最后一道防线。

黄洋界位于井冈山革命根据地的西北面，海拔1343米，地势险峻，特别是这里经常云雾翻腾，变化莫测，所以又有"汪洋界"之称。它与八面山、双马石、朱砂冲、桐木岭等哨口控制着五条进出井冈山茨坪和大小五井的小路，合称为"五大哨口"，是井冈山的天然屏障。黄洋界作为井冈山的北大门，控制着两条小路，一条经宁冈茅坪与永新县相通，一条经宁冈大陇与酃县相通。

黄洋界

8月30日清晨，弥漫的大雾还没完全散去，吴尚部两个团便向黄洋界发起了进攻。敌人先用机关枪向山上疯狂扫射，见山上毫无动静，便开始沿着小路向上爬。当他们爬到红军的第一道竹钉防线时，团长朱云卿一声令下，战士们手中的枪一齐发出愤怒的吼叫，敌人一时晕头转向，纷纷跌进了竹钉阵内，锋利的竹钉刺得他们哭爹喊娘。这时，战士们又砍断了悬吊着滚木礌石的绳子，霎时间，石块夹着粗大的松木飞落而下，如万马奔

黄洋界哨口工事旧址

腾，直冲入敌群中。巨大的轰鸣在山谷间不断回响，敌人连滚带爬，跌跌撞撞地滚下山去。

稍经休整后，敌人又发动了第二次、第三次进攻，出动的兵力越来越多，战斗也越来越激烈。红军以两个连的兵力和落后的武器，凭借黄洋界天险，在赤卫队队员的配合下，硬是击退了敌人一次又一次的猛攻。战斗从上午一直持续到了下午。下午4点左右，敌人看黄洋界久攻不下，心里焦躁起来，孤注一掷，发动了更猛烈的攻势，企图一举拿下这次战斗。

这时，赤卫队队员将一门刚修好的迫击炮从茨坪军械处抬到了黄洋界，并带来了仅有的三发炮弹，红军炮手立即在制高点架起了迫击炮。敌人越来越近了，红军炮手准确地填入第一发炮弹，大家屏住呼吸，期待着炮弹的巨响。可是，由于井冈山气候太潮湿，这发炮弹受潮没有打响。

敌人更近了，炮手按捺住紧张的心情，又将第二发炮弹填了进去，还是没响！炮手来不及擦一把脸上豆大的汗珠，又小心翼翼地填进了第三发

黄洋界保卫战使用过的迫击炮、煤油桶

炮弹，大家把心都提到了嗓子眼上。终于，炮弹带着尖厉的呼啸声，直飞向敌群，"轰"的一声巨响，地动山摇。炮弹不仅炸响了，而且准确地落在敌人设在半山腰的指挥所附近。紧接着，埋伏在各个山头上的儿童团员、少先队员纷纷举起红旗，点燃煤油桶内的鞭炮，并且齐声呐喊助威。一时间，黄洋界上山鸣谷应，鞭炮发出"嗒嗒嗒……"的机关枪似的响声，各个山头红旗招展。敌人被这壮观的场面吓得魂飞魄散，以为红军大队神速赶回，顿时乱了阵脚，纷纷向山下退却。

当天晚上，敌人害怕红军追来，悄悄地连夜逃回了湖南。赣敌王均部一个团正准备经茅坪进攻黄洋界，听到湘敌败逃的消息，也匆匆后撤，退回到永新。就这样，不足一个营的红军，在广大人民群众的配合下，取得了黄洋界保卫战的胜利，打破了敌人对井冈山的第二次"会剿"。

正在回师井冈山途中的毛泽东喜闻黄洋界保卫战大捷，非常高兴，挥笔写下了著名的《西江月·井冈山》：

西江月·井冈山

山下旌旗在望，山头鼓角相闻。敌军围困万千重，我自岿然不动。
早已森严壁垒，更加众志成城。黄洋界上炮声隆，报道敌军宵遁。

黄洋界哨口营房

毛泽东《西江月·井冈山》

参考资料

    刘型:《黄洋界保卫战前后》,载井冈山革命根据地党史资料征集编研协作小组、井冈山革命博物馆编《井冈山革命根据地》(下),中共党史资料出版社,1987。

朱毛三战三捷回井冈

　　"八月失败"后，为了保存红军的力量，巩固井冈山革命根据地，毛泽东、朱德决定率领红军大队回师井冈山。途中，赣军刘士毅独立第七师的五个营一直穷追不舍，从赣南追到了遂川。

江西遂川县城

9月8日，红四军抵达井冈山脚下的黄坳。到了这里，毛泽东、朱德都觉得松了一口气，决定腾出手来与刘士毅进行一次正面交锋。当天，红四军主力由黄坳向东南开进，准备迎战敌军。

9月13日，红四军主力在遂川城外与尾追的刘士毅部相遇。敌独立第七师在数量上远远超过红四军，但这是一支东拼西凑的杂牌军。战斗一开始，红军便占据了主动，向敌人发起了猛攻。午时过后，敌军死伤惨重，剩下不多的敌人逃回赣州。这次战斗，红四军缴获枪支250余支，俘虏敌营长1名，连长1名，排长多名，士兵200余名。更让战士们解气的是，在打扫战场时，竟意外地发现在战斗中击毙了叛徒袁崇全。

战斗结束后，红四军占领了遂川县城。这是一捷。

9月26日，红四军主力终于回到阔别近三个月的井冈山，到了茨坪和大小五井，和红三十一团一营、红三十二团胜利会合。

红四军回到井冈山后不久，占领宁冈新城已久的赣敌周浑元旅第二十七团，乘红四军回师不久，企图进攻茅坪，并进而直扑大小五井和茨坪。驻守在茅坪的袁文才得知敌情，火速派人上井冈山报告。毛泽东、朱德得知情况，决定集中力量在茅坪附近给周浑元一个沉重打击。

之后，红二十八团、红三十一团从茨坪出发，翻过黄洋界，于30日赶到了茅坪，并制订了在宁冈坳头垅布下重兵、痛歼敌军的计划。

坳头垅是宁冈新城通往茅坪的重要通道，距茅坪2里，地形奇特，如同一条带状的狭谷，中部则是一条狭窄的小道，两旁山峰突兀，十分险峻。

10月1日，周浑元旅6个连在营长周宗昌的带领下，慢慢进入坳头垅。红四军早已在坳头垅四周布下重兵，整个坳头垅犹如一条巨大的"布袋"。见敌人依计前来，红四军犹如神兵天降，纷纷从山上冲杀下来。敌军抵挡不住，只得缴械投降。这次战斗，红四军缴枪110多支，活捉了敌营长周宗昌，俘虏敌连长1人，排长2人，士兵100余人。

战斗结束后，红四军马不停蹄，向北直进，一举占领了新城，并收复宁冈全县。此为二捷。

11月2日，赣敌第二十一旅两个团与刘士毅的独立第七师一部为报遂川之败的一箭之仇，联合会攻遂川。这股敌人有备而来，是一股强敌。为

坳头垅

了避免与敌人硬碰硬，红四军主动撤出遂川城，转而攻打重占宁冈新城的敌二十七团。

11月9日，毛泽东、朱德率红二十八团、红三十一团由茅坪出发，向新城发起了攻击。敌二十七团抵挡不住红军的锐利攻势，狼狈逃向龙源口。红军追到龙源口，与敌人展开决战，最后，歼敌1个营，缴获敌人枪支160多支，击毙敌营长1人，士兵数十人，生俘敌副营长2人，连、排长各1人，士兵100多人。第二天清晨，红四军乘胜追击敌二十七团一部逃兵。激战后，占领永新县城，获得了回师井冈山以来的第三次大捷。

自9月重返井冈山以来，红四军先后取得了遂川、坳头垅、永新城等战斗的胜利，收复了部分失地，湘赣边界各项工作出现了新局面。这时，红色区域拥有宁冈全县，遂川、酃县、永新各一部分，形成南北狭长的整块，割据区域得到恢复，面积近4000平方公里，人口30余万。

龙源口村全景

参考资料

陈钢：《井冈山革命根据地军事建设史》，江西人民出版社，2014。

"红旗到底打得多久"的疑问

1936 年 12 月，毛泽东在《中国革命战争的战略问题》一文中写道：

> 当着一九二七年冬天至一九二八年春天，中国游击战争发生不久，湖南江西两省边界区域——井冈山的同志们中有些人提出"红旗到底打得多久"这个疑问的时候，我们就把它指出来了（湘赣边界党的第一次代表大会）。因为这是一个最基本的问题，不答复中国革命根据地和中国红军能否存在和发展的问题，我们就不能前进一步。一九二八年中国共产党第六次全国代表大会，把这个问题又作了一次答复。中国革命运动，从此就有了正确的理论基础。

毛泽东写的这件事，发生在 1928 年 5 月 20 日于宁冈茅坪召开的中共湘赣边界第一次代表大会上。这次大会分析了当时的政治形势，讨论了发展党的组织、深入土地革命、巩固和扩大红军及革命根据地等任务，初步回答了红军中有些人提出的"红旗到底打得多久"的疑问。

"红旗到底打得多久"的疑问确实是最早在井冈山有人提出来的，疑问的提出有深刻的背景。

无产阶级的革命，从城市走向农村，从平原进军山区，中外都没人干过，马克思、恩格斯、列宁、斯大林他们也都没有说过。1927—1928 年，当各路起义部队进军井冈山时，遭到敌军的围追堵截；当革命在井冈山发展起来时，又遭到敌人频繁的军事进攻和严密的经济封锁，军民们面临极

大的困难。这时，党内外，军民中，"左"的、右的思想出来了。在井冈山的斗争中，就有"红旗到底打得多久"的这种右倾悲观疑问，也有走州过府的"左"倾盲动主义。这种种的错误思潮，一次次地冲击着党，冲击着军队，动摇着刚刚诞生的红色政权，涣散着根据地军民的斗志。

井冈山的斗争并不是一帆风顺的，其中颇多曲折，甚至有几次大的挫折，严重地动摇了一些人的思想。

第一次，1927年冬。

毛泽东在关键时刻，把秋收起义失利后剩下来的队伍带上井冈山，开始了中国共产党人工作重心由城市转向农村。由于这种转变来得太突然，太出人意料，致使革命队伍中的不少人没有这种思想准备。原本他们是热衷城市斗争的，突然转到农村，尤其是来到了艰苦的井冈山区，就觉得很不习惯，很不自在。加上失败的情绪笼罩着这支队伍，于是他们悲观了，没信心了，他们在问："这红旗能打下去吗？"

早在进军井冈山的途中，就有人开始打着自己的算盘了：有些人边走，边躲；边走，边逃；边走，边溜。这躲的，逃的，溜的，不仅有普通的士兵，还有一些高级指挥官。

在三湾，有些连、排干部不辞而别，去向不明；在宁冈的龙市，新兵训练处处长陈明义等人离开了队伍；在酃县的水口村，前委委员、师长余洒度，三团团长苏先骏也悄然出走了……后来这些人，大多当了叛徒！

1927年12月，从三湾开始新任工农革命军团长的黄埔生陈浩、副团长徐庶、参谋长韩昌剑、一营营长黄子吉等一伙人，当他们领队攻下茶陵城后，就不愿再回艰苦的井冈山了，企图带着这支工农革命军去投敌叛变，幸亏毛泽东、宛希先等及时识破他们这种反革命阴谋，将其处决，才稳定了军心。

第二次，1928年3月。

"左"倾盲动主义者不赞成在井冈山搞根据地，他们排斥毛泽东在井冈山的正确领导，撤销了他在党内的领导职务（甚至误传开除了毛泽东的党籍），并同时命毛泽东将井冈山的武装开赴湘南去参加年关起义。由于错误的路线导致错误的军事行动，井冈山成了空山，结果湘南的年关起义和井冈山革命根据地同时遭到失败。这期间，在井冈山上，那些豪绅、地主和反革命势力纷纷卷土重来，向人民群众反攻倒算……这时，党内、军内一些人又悲观起来了，对革命又缺乏信心了，他们说："红旗虽然插上了井冈山，可这红旗能打多久呢?"

第三次，1928年8月。

因为中共湖南省委的错误指导，加上政治动摇、不愿在井冈山做艰苦细致工作的省委代表杜修经和红军二十九团党代表龚楚，利用二十九团湘籍将士思乡心切的情绪，极力鼓动红军二十八、二十九两个主力团冒进湘南，结果在湘南遭到惨痛失败，二十九团几乎被打散，军参谋长兼二十八团团长王尔琢倒在叛徒的枪口之下，团参谋长王展程也身负重伤。敌人又乘机进攻井冈山，造成井冈山的"八月失败"。这时，各县的县城和平地全部被敌人占领，白色恐怖再次布满城乡，井冈山被杀之人、被焚之屋不计其数，井冈山革命根据地又处在十分危急之中。

面对这严酷的现实，一些政治动摇者，一些投机分子，有的叛变，有的逃跑，有的甚至带着敌人来捉拿自己的同志。这时候，党内、军内又有一部分人重提"红旗到底打得多久"的疑问了。他们认为，井冈山遭此劫难，元气大损，红旗难以再树起来了!

第四次，1928年冬。

当红四军主力从湘南回师井冈山后，占遂川，克宁冈，攻永新，取得了三战三捷的军事胜利，收复了失地。湘赣敌军不甘失败，调集各县反动民团，对井冈山实行严密的经济封锁，导致井冈山上粮食供给艰难，现金奇缺，食盐、布匹、药材已经断绝来源，军民们日食红米、南瓜、野菜充饥，夜宿祠堂、庙宇过夜，身盖茅草、稻草御寒。就在这种极度困苦的日子里，一些经不起考验的人，成天牢骚满腹，叫着："打倒资本家，天天吃南瓜。"一些人再提"红旗能打多久"的疑问。这种悲观的论调，又一次干扰着井冈山的斗争。

第五次，1929年春。

1928年冬，彭德怀、滕代远率红五军主力上井冈山同红四军会合，从而进一步加强了井冈山根据地的革命武装力量。这时，湘赣两省国民党军也纠集了18个团的兵力，五路分进合击，向井冈山发动了第三次联合"会剿"。山上的红军总共只有4个团6000余人。面对强敌压境，红军和

党内的少数人对形势做出了悲观的估计，他们在敌人面前被吓破了胆，有的主张弃山而逃，有的主张将主力化整为零，各自分散去打游击。实际上就是取消革命，取消武装斗争。

"红旗到底打得多久"的疑问，是一种典型的悲观情绪，虽然当时在根据地内不是主流，但它却成为发展根据地的一个极大的障碍。它的直接危害是动摇军心，瓦解斗志，制造混乱，腐蚀红军指战员的革命意志，模糊人民对革命必胜的认识，在革命队伍中起着极大的离心作用。

正因如此，毛泽东、朱德等人，他们在井冈山上先后主持召开的湘赣边界党的第一次、第二次代表大会上，运用马列主义的观点分析形势，精辟地回答了这个"红旗到底打得多久"的疑问，从而坚定了大家的革命信心和决心。

中共湘赣边界第一次代表大会旧址：茅坪谢氏慎公祠

应该说，"红旗到底打得多久"的疑问，是整个伟大的井冈山斗争中的一个小小插曲，是一个变奏的插曲。这个插曲，自然也引起了党内、军内一些人的共鸣。

中共湘赣边界第二次代表大会旧址：茅坪步云山白云寺

当时在井冈山，在党内、军内，一开始出现这种右倾悲观思潮的时候，立即就引起了毛泽东的注意。他在会上或会后，通过演讲，做报告，找人谈话等多种形式，用井冈山革命根据地日益发展的大好形势，来回答"红旗到底打得多久"的疑问。1928年10月，毛泽东写下《中国的红色政权为什么能够存在？》一文，集中回答了这个问题。毛泽东和朱德等同志的努力，终于帮助许多同志克服了以前的那种模糊认识，很快改变了自己的态度，坚定了在井冈山建设红色政权的信心和决心。

为了使全党全军同志明确革命的

毛泽东《中国的红色政权为什么能够存在？》

方向，认清斗争的前途，坚定革命的信念，毛泽东于1930年1月5日，新年刚过之际，在福建长汀的古田镇，给不在他身边的林彪写了一封非常重要的长信。

我从前颇感觉，至今还有感觉你对时局的估量是比较的悲观。去年五月十八日晚上瑞金的会议上，你这个观点最明显。……你不相信革命高潮有迅速到来的可能……你没有建立赤色政权的深刻的观念……你相信×××式的流动游击政策。……你认为在距离革命高潮尚远的时期做建立政权的艰苦工作为徒劳……你缺乏建立政权的深刻的观念……

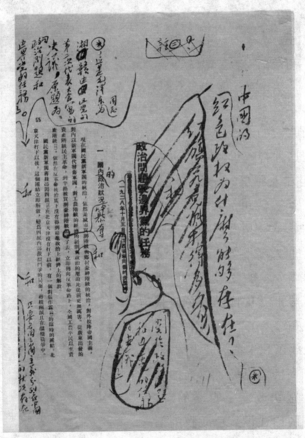

毛泽东对《中国的红色政权为什么能够存在?》一文的修改手稿

毛泽东在列举种种右倾观点之后，又运用马克思主义的望远镜和显微镜，深刻地分析了中国革命的形势，首次提出了中国革命必须走农村包围城市、武装夺取政权的道路的理论，并详尽地阐明了"星星之火，可以燎原"的科学论断。毛泽东的这封信，是一篇精辟的马列主义的哲学著作，是组成毛泽东思想的一个重要的内容。鉴于此，1947年12月，中共晋察冀中央局编印的《毛泽东选集》（续编）收入了这封信。

这封信的重要内容都是针对当时一些人的右倾悲观论点而展开论述的，实际上这封信也是对林彪的一种批评。

林彪为此于1948年2月特地向中共中央宣传部写了一封信，希望公开这封信的时候，不要公布他的名字，以免在党外和国际上引起误解。毛泽东接受了他的请求，在1951年出版《毛泽东选集（第一卷）》收入这封信时，另拟题为《星星之火，可以燎原》，文中删去了原信中点名批评林彪的地方，文字上也做了些技术处理，将信中的第二人称"你"改为第三人称"他们"了。

参考资料

［1］毛泽东:《井冈山的斗争》，选自《毛泽东选集》第1卷，人民出版社，1991。

［2］井冈山革命根据地党史资料征集编研协作小组、井冈山革命博物馆编：《井冈山革命根据地》（下），中共党史资料出版社，1987。

［3］李忠、肖子华：《井冈山革命根据地政权建设史》，江西人民出版社，2007。

八角楼的灯光

在井冈山时期，毛泽东经常居住的几个地方有茨坪、茅坪和大井等。在茨坪，他住在农民李利昌家中；在茅坪，住在八角楼；在大井，则住在村子中间的白屋中。在这些他居住过的旧居里面，在简陋的书桌上，无一例外地放着一盏油灯，油灯上都只有一根灯芯。

井冈山八角楼内景

　　毛泽东到井冈山后最早居住的地方就是茅坪的八角楼。八角楼原系当地村民谢池香的住宅，建于清代。房屋倚山坡而建，坐东朝西，土木结构，悬山顶，小青瓦屋面，面阔三间，后部两侧附耳房。当年毛泽东居住在进深左侧第四间的楼上，在卧室顶有一个斗八藻井，故当地群众称之为八角楼。

　　当年，由于敌人对井冈山实行严密的经济封锁，红军的军需给养非常困难，物质生活十分艰苦。毛泽东与普通战士一样吃红米南瓜度日，穿破衣烂衫御寒，床上垫的是稻草，盖的是一条薄薄的线毯，就这样领导井冈山军民度过了艰难的岁月。

　　毛泽东白天军务十分繁忙，晚间还要办公。当时，为了节约开支，部队对晚上点灯用油有一个规定：各级机关晚上办公时，只能用一盏油灯，油灯上可以点三根灯芯；连部晚上值班，可以留一盏油灯，但只准点一根灯芯。按照这个规定，毛泽东是红四军党代表、红四军军委书记、中共湘赣边界特委书记和中共井冈山前委书记，他晚上办公时用的油灯，完全可以点三根灯芯，但他为了节省用油，每天晚上办公都坚持点一根灯芯照明。

　　红军战士看到毛泽东同志经常工作到深夜，便把打土豪缴获来的马灯送给他，可是毛泽东同志考虑到马灯费油，平时轻易不

毛泽东在八角楼起草的《井冈山前委对中央的报告》，新中国成立后毛泽东亲自改题为《井冈山的斗争》

用，只是在晚间外出或开会时偶尔使用，晚上办公仍只用一根灯芯的油灯。就是在这样微弱的灯光下，毛泽东同志在这里起草了《井冈山前委对中央的报告》（即《井冈山的斗争》）这篇重要的著作。在这篇著作中，

他结合井冈山斗争的具体实践，从理论上全面系统地总结了创建井冈山革命根据地的经验，阐明了"工农武装割据"的思想，指明了中国革命的前途。

一盏普通的竹筒铁盏青油灯不知伴随着毛泽东度过了多少个不眠之夜。一根灯芯的油灯虽然光亮暗淡，但却与天上的北斗遥相辉映，同放光芒。如今，在井冈山仍然传唱着这样的歌谣：

> 天上的北斗亮晶晶，
> 八角楼的灯光通通明。
> 毛委员就是那掌灯的人，
> 照亮中国革命的万里程。

毛泽东旧居：茅坪八角楼（2011 年）

参考资料

井冈山革命博物馆编：《井冈山革命博物馆志》，江苏人民出版社，2007。

中央"六月来信"

自从毛泽东带领秋收起义部队到达井冈山建立农村革命根据地后，党中央一直对井冈山非常关注，特别是1928年5月朱毛井冈山会师成立红四军后，井冈山革命根据地进入大发展的时期，毛泽东也从井冈山斗争实践中不断地总结经验，吸取教训，实行了许多创新性的主张，引起中共中央和湖南、江西两省省委的高度重视。

1928年5月2日，毛泽东在永新县城向中共中央写了一封信，详细介绍了自上山以来井冈山的斗争情况，以及与朱德会师的一些情况。中央接信后，于6月4日向毛泽东、朱德和井冈山党组织发出了一封指示信《中央对前敌委员会的指示信——关于目前形势及今后的任务与工作》。由于交通不便，这封指示信几经辗转，由上海送至中共江西省委，江西省委转吉安县委，直到11月2日才送达井冈山。虽然这封信用了近半年时间才抵达井冈山，但这毕竟是党中央第一封原汁原味的、直接送达井冈山，而非由上级其他部门转述的信件，因此毛泽东及井冈山的同志们接到来信后异常高兴，也高度重视，马上进行了热烈讨论。后来在11月25日，毛泽东在代表中共井冈山前委对中央报告中曾说道："中央六月四日来信，经过江西省委吉安县委，于十一月二日才到井冈山。这封信好得很，纠正了我们许多错误，解决了这边许多争议的问题。这封信一到，即已发交军中及地方各级党部，十一月六日，向遂川出动部队集中井冈山，特委委员、军中及地方的活动分子，共三十余人（朱德、陈毅、何挺颖、何长工、袁文才、王佐、谭震林、邓乾元、李却非、陈正人、王佐农、萧万巘、刘辉

霄、谢桂标、刘敌、熊寿祺、杨开明、曹鑅、邓允庭、毛泽东、宋乔生、彭祐等均到，湖南省委代表袁德生亦参加），由特委召集开会，讨论中央来信。"

中央来信分析了国内形势，介绍了全国其他根据地的斗争形势，对于井冈山的同志们"在这种刻苦的劳顿的生活中而努力不懈的工作甚为欣慰"。最后中央在指示信中对井冈山革命根据地的工作郑重地提出了八点指示，包括前委当前的主要任务、党的组织、红军的体制、具体的策略、怎样分配土地、怎样扩大割据局面等。

中央在来信中特别要求成立中共井冈山前敌委员会，并且指定"前敌委员会名单如下：毛泽东、朱德、一工人同志、一农民同志及前委所在地党部的书记等五人组织，而毛泽东为书记。前委之下组织军事委员会（同时即是最高苏维埃的军事委员会），以朱德为书记"。还规定了前委管辖的地域范围，可谓既明确又具体。

中央"六月来信"在井冈山的斗争历史上具有非常重大的意义。来信向偏居一隅的井冈山带来了中央的声音，真是空谷足音，给井冈山同志们以极大鼓舞。这封来信指明了当时中国革命的性质与任务，肯定了井冈山革命根据地的斗争，对井冈山革命根据地的巩固与发展起到积极的指导作用。

11 月 6 日，中共井冈山前敌委员会重新成立，人员组成完全按照中央的指定。除朱毛外，工人同志宋乔生、农民同志毛科文、中共湘赣边界特委书记谭震林进入前委。

对于中央的来信，毛泽东同志再一次显示出他独立思考的品质。对中央来信提到的不符合井冈山和红四军特定情况的指示，毛泽东仍然坚持自己的正确原则。比如中央在指示信中要求井冈山红军"在政治上设政治部，取消党代表，实行士兵的政治训练"，毛泽东等人经过慎重考虑，特别是结合红四军在井冈山一年多以来坚持斗争的情况，觉得仍应实行党代表制度，暂不恢复政治部为好。毛泽东回复中央时说："此间军队今年四月以前都有政治部，因影响不好，方取消。有政治部，使官兵群众认为政治工作只是政治部几个人做的，余人即以单纯打仗为职务，取消了政治部，人人要打仗，人人要做政治工作（政治训练与民众运动），才把单纯的军事脑筋打破。""党代表制度，经验证明不能废除，特别是在连一级，因党

234

的支部建设在连上，党代表更为重要。他要督促士兵委员会进行政治训练，指导民运工作，同时要担任党的支部书记。事实证明，哪一个连的党代表较好，哪一个连就较健全，而连长在政治上却不易有这样大的作用。"曾担任过中共湘赣边界特委书记的杨开明在1929年1月起草的《关于湘赣边苏区情况的综合报告》中也实事求是地说道："设政治部是国民革命军的遗留，军中官长士兵都讨厌这个名词，取而代之的是士兵委员会，在一年时间中，各项工作都不错，比设政治部督促要强得多。"

井冈山前委委员宋乔生

井冈山前委委员毛科文

在收到中央来信当月的25日，毛泽东代表中共井冈山前委在井冈山茅坪和茨坪两地起草了对中央的报告，从党的建设、政权建设、军事斗争、土地革命等诸多方面向党中央详细介绍了井冈山革命根据地的情况，并且根据井冈山斗争的经验教训，第一次向中央阐述了"工农武装割据"的思想。这份报告后来通过三个渠道向中央报送，一是通过中共湖南省委；二是通过中共江西省委；第三就是朱毛率红四军下山的前一天，杨开明赴上海向党中央汇报，他亲自带了一份。三条路线，确保了党中央一定收到这份有关井冈山斗争的最详细报告，由此也完成了井冈山与党中央的一次完整互动。

图说井冈山

中共井冈山前敌委员会和湘赣边界特委旧址（茅坪）

中共井冈山前敌委员会旧址（茨坪）

参考资料

井冈山革命根据地党史资料征集编研协作小组、井冈山革命博物馆编：《井冈山革命根据地》（上），中共党史资料出版社，1987。

236

朱德的扁担

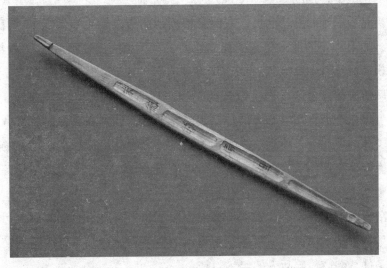

朱德的扁担

国民党反动派在对井冈山革命根据地实行频繁的军事进攻的同时，还采取了严密而残酷的经济封锁，割断了白区和根据地之间的一切经济来往，断绝了根据地的各种经济来源。由于敌人残酷的经济封锁，井冈山军民的生活异常艰苦，根据地出产的木材、茶叶、茶油等土特产品运不出去，同时，许多生活必需品如食盐、布匹、药品等不能输入，基本生活品十分缺乏。这就导致根据地的物价变得十分昂贵，在根据地的中心茨坪和大小五井一带，一块银圆只能买四斤猪肉，或十来斤蔬菜，食盐则只能买四两。

　　红军本来就没有正规的薪饷，包括毛泽东、朱德等高级领导人在内的红军指战员每人每天只有 5 分钱的伙食费。但是由于缺乏现金，就连这样低廉的生活标准也不能维持。时常吃的都是红米、南瓜、茄子，并且经常是缺油少盐的。最困难的时候，只能以野菜充饥。秋天蚊虫多，但战士们都没有蚊帐；寒冷的冬天，大雪封山，许多战士都光着脚，穿着单衣。后来虽然解决了棉花问题，却又没有布。井冈山冬天的夜晚，温度常在零下五六摄氏度，但战士们床铺上却没有褥子和被子，有的只有一条薄薄的毯子，有的则以门板当床，稻草当被，有的就干脆钻到稻草堆里过夜。为了抵御寒冷，大家挤在一起睡，互相取暖，实在冷得睡不着，就跑到外面去练刺杀，跑步，挖战壕。

　　当时最艰难的是伤病员。在保卫根据地的历次战斗中，红军也有一批伤员，加上营养不良、受冻或其他原因，官兵患病的也很多。1928 年冬，红军伤病员已有 800 余人，约占全军总人数的 1/8。伤病员如此之多，但红军队伍里却非常缺乏医生以及药品和医疗器材，甚至连最常用的碘片、红汞、纱布等消毒用品和麻醉药品也时常缺乏。动外科手术时，经常是在缺医少药的情况下，使用最简陋的器械进行。伤员往往都是靠坚强的意志来战胜肉体上的伤痛。而许多本来可以治愈的伤病员，因为无药可医而成了残废，不少重伤员因此牺牲在病榻上。

　　敌人的封锁并没有让根据地军民屈服。为了解决好经济问题，边界党组织号召根据地军民自力更生，用自己的智慧和力量，充分利用一切可利用的条件，彻底粉碎敌人的经济封锁。

　　缺少药品，医务人员便依靠群众的力量，自己动手，上山挖来天星子、天南星、金银花、七叶一枝花等草药。缺少医疗器械，则利用井冈山盛产的竹木，削制竹镊子、竹刮刀、竹药罐、竹水壶、木盆、骨折护木等。

　　为了补充部队的枪支弹药，1928 年 7 月在茨坪创办了军械处，一方面维修原有的武器，一方面制造一些诸如单响枪、鸟铳之类简易的新武器。

　　1927 年年底，红军还在宁冈的桃寮办起了第一所被服厂，自己动手解决部队的军被、军服供应等问题。同时，边界党组织还采取措施，活跃根据地的经济，执行正确的工商业政策，调动商人的积极性，鼓励他们到根据地来做生意。另外，在根据地开辟了宁冈的大陇和遂川的草林两个红色圩场，在茨坪、大井、白银湖等地兴办了公卖处。

1928年5月，在王佐的主持下，还在上井开办了造币厂，铸造"工"字银圆，解决边界军民的现金困难。

食盐，是人们日常生活中最常见也是必不可少的东西，而在井冈山斗争时期，它却成为最缺乏的物资。有时，红军在打仗时也能缴获到一点食盐，他们将这些珍贵的食盐除留下一部分作为军需品外，其余的都分给了与红军患难与共的苏区群众。

为了构筑红军与地方武装休养生息的场所，使党政军领导机关有一个稳定和安全的工作地点，边界特别需要建设经济、文化、军事和政治中心区域。1928年冬天，毛泽东、朱德领导井冈山军民建设了两块坚实的中心区域，即军事根据地。一是井冈山军事根据地，一是九陇山军事根据地。其中，以茨坪和大小五井为中心的井冈山军事根据地，以其优越的群众基础、险要的地形、广大的地域以及它在"工农武装割据"中的独特地位和作用，成为整个井冈山革命根据地的中心区域。

为了建设好井冈山军事根据地，毛泽东特别号召井冈山军民要做好三件事，那就是"修筑完备的工事，储备充足的粮食，建设较好的红军医院"。于是，1928年冬天，井冈山掀起了轰轰烈烈的挑粮运动，朱德扁担的故事就发生在这个时候。

当时从井冈山到山下的宁冈茅坪挑粮，上下足有五六十里，山又高，路又陡，着实难走，尤其是从桃寮到黄洋界那一段路，就是空着手走，也累得够呛，肩上挑着担子，那就更吃力了。因此，每次运粮，总是起早赶路，摸黑回山。当时，朱德已经四十多岁了，他白天挑粮上山，夜里还要忙军务，战士们生怕他累坏了，都对他说："你日夜操劳太吃力了，不要再下山挑粮了吧！我们大家每人多挑一点，就把你的这份补上了。"每当这时，朱军长就风趣地说："吃饭有我的份，挑粮也有我的份！光吃饭不挑粮，那不成了剥削阶级了吗？"

这天，队伍又要到茅坪去挑粮。天没亮，大家都起床了。吃过饭，大家有的挑着箩筐，有的背着麻包，有的提着布袋，浩浩荡荡地出发了。朱德也准备动身，便去拿放在墙角里的扁担。奇怪，扁担突然失踪了，怎么也找不到。

红军挑粮用过的布袋

朱德挑粮歇息处：黄洋界荷树下

朱军长的扁担哪儿去了呢？原来是红军战士为了让朱军长在家里多休息一会儿，故意把他的扁担藏起来了。谁知大家刚走上黄洋界，朱军长又挑着箩筐，满头大汗地赶上来了。等他坐下来休息时，人们才发现他又新削了一根扁担。过几天扁担又不见了，他又削了一根新扁担，而且在扁担的正中，写上了"朱德的扁担"五个大字。

从此，朱军长的扁担再没有人"偷"了，"朱德的扁担"的故事也流传至今。当时有位红军战士还编了一首歌谣传唱开来："朱德挑粮上坳，粮食绝对可靠；大家齐心协力，粉碎敌人'会剿'。"

参考资料

[1] 朱良才：《红军的连队生活》，载井冈山革命根据地党史资料征集编研协作小组、井冈山革命博物馆编《井冈山革命根据地》（下），中共党史资料出版社，1987。

[2] 范树德：《井冈山后勤工作》，载井冈山革命根据地党史资料征集编研协作小组、井冈山革命博物馆编《井冈山革命根据地》（下），中共党史资料出版社，1987。

张子清师长与盐的故事

张子清

张子清是湖南桃江板溪人，出生于一个将门之家，从小受父亲的影响，立志从军，报效祖国。1922年，他就与毛泽东、夏曦、郭亮、熊济才等开始革命活动，1925年经夏曦、郭亮介绍加入中国共产党。大革命时期曾在黄埔军校长沙三分校担任教官，后主动放弃去美国留学的机会，毅然到广州，进入中央政治讲习所学习，学习结束后，任国民革命军第十五师政治连连长。马日事变后，张子清到了张发奎部当招募员，他把新兵送到武汉后，就在张发奎警卫团任营长。1927年9月，张子清参加了毛泽东领导的秋收起义，三湾改编时任工农革命军一团三营营长。上井冈山途中，张子清与伍中豪率领的第三营在遂川大汾与大部队失去了联络，后来到了湖南桂东，与朱德首先取得了联系。1927年12月在湖南茶陵把部队完整地带回了井冈山。在井冈山时期他与宛希先一道被誉为毛泽东的"左臣右相"，为井冈山革命根据地的创建立下了汗马功劳。

　　然而，正当张子清在战火纷飞的井冈山越来越显示出他卓越的军事才能时，一场灾难降临到他的头上。

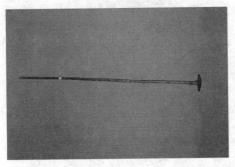
张子清早年从事革命活动用过的拐杖

张子清用过的针线盒

　　1928年3月，张子清随毛泽东率领的工农革命军南下湘南，迎接朱德、陈毅率领的南昌起义部队和湘南农军上井冈山。在回井冈山途中，为掩护朱德、陈毅部队后撤，在湖南郴县接龙桥战斗中，张子清身负重伤，一颗子弹击中了他的左脚踝骨。

　　因为井冈山医疗条件极差，缺医少药，张子清的伤一直得不到有效的治疗，党组织曾多次要安排他去外地治疗，都被他婉言谢绝。在伤口不断发炎、溃烂的情况下，张子清最后不得不住进了小井红军医院。当时，弹头深嵌在他的踝骨里，由于时间长，伤口溃烂，流着黑紫的脓血，医生只有用菜刀一块一块地割掉那些溃烂的皮肉，用竹镊去夹骨肉里的弹头。前后手术五六次，每次都疼得他大汗淋漓，子弹却始终没取出来。为了让张子清早日康复，组织上送来了一小包食盐给他洗伤口，张师长却用油纸将这些盐裹了一层又一层，然后珍藏起来。每当伤口痛得钻心时，他总会用手去摸一摸盐包，但从来不舍得用盐包里的盐。因为他知道，在敌人严密封锁以后，这些食盐比黄金还珍贵，他要将这些宝贵的盐留给那些最需要的人。

　　1928年冬天，随着封锁的加剧，战事的频繁，医院的伤员不断增多。有一天，医院住进了一批重伤员，急需开刀手术，但这时消毒的食盐却已全部用完了。正当医护人员愁眉不展时，张子清把医生叫到自己床前，掏出那包食盐说："医生同志，请你用它化成盐水，给伤员洗一下伤口，尽快手术吧。"

张子清献盐 1

张子清献盐 2

张子清献盐 3

张子清献盐 4

医生用颤抖的双手接过那包食盐，望着张师长已经肿胀成黑紫的伤腿，不禁潸然泪下。他想劝张师长洗洗自己的伤口，然而他又深深了解张师长坚强的个性。记得有一次，医院决定用刚从战场上缴获的贵重药品为他医治，但他坚决不肯，执意把药让给了其他战友。他说："我的伤不要紧，大不了截去一条腿，变成残废还能为革命工作。"想到这些，医生什么话也说不出来，只是紧紧地攥着这一小包食盐，低垂着头，匆匆走进了手术室。

第三次反"会剿"时，张子清因伤重不能随红四军撤离井冈山，他主动要求留下来协助彭德怀守卫井冈山。井冈山失守后，张子清无法随大部

小井红军医院张子清住过的病房

张子清烈士墓

队撤离，被护送到深山区，隐藏在小井村附近龙潭金狮面石洞中。不料连日大雪，交通断绝，随身带的一点儿黄豆都吃光了，饿了四天四夜，等到敌人撤退后，张子清才被背下山来。后又被转移到永新，在洞里村焦林寺隐蔽养伤。就是在这时，张子清还带病担任中共湘东特委书记，领导湘赣边界几个县的工作。

1930 年 5 月，张子清终因伤势过重，在永新病逝，年仅 28 岁，遗体葬在永新城外的东华山上。

参考资料

［1］鄢辉：《对张子清烈士的回忆》，载《星火燎原·井冈山斗争专辑》，解放军出版社，1986。

［2］韩伟：《忆宛希先等同志》，载《星火燎原·井冈山斗争专辑》，解放军出版社，1986。

毕占云起义上井冈

1928年秋冬之际，两支国民党的正规军分别在毕占云、张威的带领下起义，投奔井冈山红军，壮大了红军力量，也分化瓦解了敌军，在红、白两军内部都产生了巨大的影响。这是井冈山革命根据地和红四军政治影响深入人心的结果。

毕占云率部起义，并非偶然事件，而是"冰冻三尺，非一日之寒"，是共产党初期兵运工作的一次成功尝试。

毕占云原系川军向成杰部，国民党反动派为阻挡红军进攻湘

毕占云

东南，便将毕占云临时调归湖南军阀唐生智部阎仲儒旅指挥，先后驻平江、醴陵、安仁、桂东等地。因深受大革命运动的影响，来到湖南又受湘军的歧视，毕占云对湘军早已心怀不满，对红军有一定的认识；尤其是井冈山上的朱德、陈毅都是四川人，朱、陈在川军中早就很有声望，井冈山上的"朱毛红军"又叫他们望而生畏。毕占云在这种矛盾中，总想找出路，内心也把一定的希望寄托在朱德、陈毅这两位老乡身上。

1927 年 7 月，朱德、陈毅率主力开赴湘南时，沿途大力宣传红军的宗旨、任务，写标语，散传单，出布告，大讲红军优待俘虏的政策。因此，国民党军同红军打起仗来，只是消极应付。在一次战斗中，红军俘虏了毕占云的一些下级官兵，当时根据毛泽东提出的释放俘虏、瓦解敌军的政策，红军对他们不仅不打，不骂，不侮辱，不杀害，也不搜腰包，还用好酒好肉款待他们，给他们讲红军的纪律，对他们进行政治教育，三天后就把他们放回去了。

这些俘虏兵回去以后，不仅揭穿了湘军对红军的诬蔑和欺骗宣传，而且还当了红军的义务宣传员，在军中大讲红军的好话。毕占云的一些亲信甚至还跑到毕占云那里去，当面劝他反水，干脆投奔红军。

然而，毕占云身为官长，虽饱尝军阀们那种大鱼吃小鱼的痛苦，也深感寄人篱下的艰难，但毕竟风雨几十年，经历了世间种种沧桑，要立即下决心把队伍拉到红军中去，不是一件容易的事。他瞻前顾后，顾虑重重。

就在毕占云受下级兵士的影响，在人生道路的选择上举棋不定的时候，又发生了一件意外的事。

1928 年 9 月初，毛泽东、朱德、陈毅率红军主力从湘南回师井冈山，红军二十八团行至遂川左安一带，将在那里胡作非为、抢劫民财的敌军一个班全部俘获。经过审讯了解，这小股敌军原来就是毕占云的部下。他们驻扎在桂东的沙田一带待命进攻红军，因给养不足，便四处抢财夺物以维持生计。这时，红军二十八团党代表何长工出面，亲自向这些俘虏兵了解毕占云的布防情况，还从敌班长口中知道，毕占云这时已由营长降为连长，连以下的官长也同样均降一级，毕占云已有投诚之意，等等。为了抓住有利时机，尽早争取毕占云部起义，何长工立即将这些情况向军部领导做了汇报。毛泽东、朱德、陈毅一致认为，为争取毕占云，应当将这个班连枪带人全部放回。释放这批人的时候，朱德、陈毅两人还联名以四川同乡的身份给毕占云写了一封信，叫那班长带回去。朱、陈二位在信中说：在湖南，你们是客军，湘军容不得你们；在国民党军，你们又是杂牌军，不是蒋介石的嫡系，一向受蒋介石的歧视。蒋介石历来的手段就是排斥异己，培植亲信，结党营私，他把你们送到前线来，本意就是要通过红军之手来削弱你们，最后把你们消灭，而他则可以从中得利。红军和共产党与你们无冤无仇，你何必如此与之为敌，更何必刀戈相见呢？红军是为劳苦大众、为民族解放的新型军队，得到所有人民的支持和拥护。我们主张革命不分先后，希望你尽快弃暗投明，早定大计，上井冈山来和我们一起为中华民族的解放而尽一份匹夫之责！

　　毕占云得信后，这一夜成了不眠之夜。他反复揣度，再三思考，他知道这是他人生中的重大选择。他通过比较、选择之后，认定只有投奔红军才是唯一的出路。

　　第二天，毕占云派他的四川籍贴身副官蔡大金专程到江西省的遂川县，与驻扎在那里的红军联络。恰巧，接待这位毕占云特使的就是陈毅。两人长谈一个多小时，详细商定了毕占云部起义的各项事宜。随后，蔡大金立即返回桂东，将确定的起义计划向毕占云如实做了汇报。

陈毅和陈毅安迎接毕占云上井冈山的地方：遂川汤湖

毕占云与井冈山红军秘密往来的事，不慎被阎仲儒发现了，阎立即派出小股部队对他们进行监视。为了保证起义成功，毕占云果断决定立即起义！

1928年10月初的一天晚上9点多钟，毕占云突然集合队伍，每人发三块大洋后，命令出发。毕占云亲自宣布："行军时不要说话，不要抽烟，不要打手电，发现情况不要乱打枪……"

在毕占云的带领下，部队从桂东出发，趁着淡淡的月色，攀缘行进在崎岖艰难的山路上，急行军一昼夜，终于脱离了国民党反动军队的控制区，从湖南奔向井冈山。当他们来到江西遂川县汤湖镇时，很快就见到了专程前来迎接他们的中共红四军军委书记兼政治部主任陈毅以及红四军三十一团一营营长陈毅安。

陈毅安立即将早已准备好的红带子交给毕占云，毕占云会意，召集部队，正式向部队宣布起义，个个把国民党军的领章、帽徽撕掉，然后挂上红带子。126人的队伍，当天晚上就从汤湖出发，跟着陈毅朝井冈山开去。

在井冈山，毕占云部被改编为中国工农红军第四军特务营，为红四军的直属营，毕占云为营长，陈毅安为党代表，陶云清为副营长。

参考资料

[1] 毕占云：《投奔井冈山之后》，载《星火燎原·井冈山斗争专辑》，解放军出版社，1986。

[2] 黄连秋：《忆毕占云起义》，载井冈山革命根据地党史资料征集编研协作小组、井冈山革命博物馆编《井冈山革命根据地》（下），中共党史资料出版社，1987。

张威起义上井冈

张威，云南人。参加过北伐战争，因战功升任连长。大革命失败后，他所属的原滇军一部朱耀华第十八师调至江西袁州（今宜春）一带“剿共”。

张威部队驻防地：袁州（今江西宜春）

张威所部来到江西人地两不熟，唯一的任务就是“进剿”红军，曾受命几次开赴井冈山和红军交手，但又总是无功而返，有时还损兵折将。他

已尝够了红军的厉害，率部来到袁州地区后，进又害怕，退又不敢，真是进退维谷！他权衡利害，干脆就将部属驻扎在袁州城内，既不进，也不退，时不时向上级谎报几个军情，上司按规定给他发来军饷，倒也觉得自在。他赌钱的习惯在军中已是出了名的。他的部下，大多也学着他，投其所好，赌钱的人也越来越多。时间长了，袁州的人都说：张营长的兵一手拿钢枪，一手握烟枪，都是些名副其实的"双枪兵"！

但是有一个叫谢振国的酒店老板却和张威成了莫逆之交。

其实，谢振国不是此地人，他是中共莲花县委委员之一，又是莲花县红色独立团的一名指挥员。酒店帮工的好几位伙计，其实也都是莲花县委派来的地下党员。人们不禁要问：莲花县委的人怎么跑到袁州开起酒店来了？

事出有因。1928年8月，由于受"左"倾路线的干扰，井冈山革命根据地内红四军主力冒进湘南，结果导致根据地的"八月失败"，根据地各县的县城及平原地区全部被敌人占领。国民党湘军罗定部叶文科团，又纠集已逃往外地的土豪劣绅朱成荫，组织了还乡团，回到莲花县大肆烧杀抢掠。整个莲花县一片白色恐怖，到处都是血雨腥风。

为了避敌锋芒，保存实力，积蓄力量，中共莲花县委决定撤离县城，并派遣一部分人员到外地取得上级党组织的指示和支持。谢振国他们就这样受党组织的指派，几经辗转，从安福县境过武功山，来到袁州城里。为隐蔽起见，他们在这里以开酒店为名，实为共产党的一个联络站。既联络同志，沟通上级的关系，又秘密侦察敌情，掌握莲花北面敌人活动的情况，以便及时将情报送上井冈山。

自这个酒店开张以来，谢振国接待着一个常客，几乎每天他都会到这酒店内玩牌赌钱，然后大吃大喝一顿，扬长而去。日子长了，人也熟了。谢振国了解到：原来此人是国民党江西省政府主席朱培德部下的一个营长，名叫张威。

不过，细心的谢振国发现，近段时间以来，这个张营长虽然每天照常到酒店来，可是已见不到平日他那满面春风的得意劲了。只见他精神不振，心事重重，进店后，既不摸牌，也不作声，只是独个儿酗酒解闷。

这一天，张威又来了，谢振国和往常一样招呼他。不过，这天他格外地大方，炒了几盘下酒菜，斟上几杯好酒，主动和这位张营长对饮起来，苦闷中的张威也不在意，倒觉得此时的谢老板更善解人意了。酒过三巡，谢振国慢慢话入正题，问："好像张营长这几天牌兴不佳，怎不见你摸牌了？"

这一问不打紧，哪知道这张威乘着酒兴，把闷在心头的话，像竹筒倒豆子似的全倒了出来：自己喜欢打牌，进驻袁州城后，官兵都无所事事，便用打牌来消磨时光。可他的赌技并不怎么高明，总是输多赢少，口袋早已空空如也，于是就想到了兵士的军饷。为下更大的赌注，他将军饷拿来应急，谁知越赌越大，输得也越来越多，几天工夫，把一个营的军饷输了个精光。

就在他急不可耐的时候，祸不单行，此事被上头长官知道了。团长找上门，将他臭骂一顿后，命他七天之内退回全部军饷，否则不仅要撤职查办，还要绳之以法。其实，那些军饷早已空空，七天之内哪能找得回来！他想来想去，要钱没有，要命一条。因此，他整天苦闷不堪，预感到自己前途渺茫，下场可悲，只好成天借酒消愁，暂度时光。

谢振国听罢，便提示着说："张营长，自古道，车到山前必有路嘛，想一个法子不就解决了，何必自己苦了自己呢？"张威尚不解其意，只是频频摇头，说："路，哪来的路？我张某现在已是上天无路，入地无门，只有束手待毙，死路一条了。"

谢振国认定机会到了，便道："我倒觉得既有路，也有门，就看你张营长敢不敢进！"

这句话，立即引起了张威的注意，在他看来，如同在茫茫的大沙漠中找到了一块绿洲，忙问："谢老板，你有什么办法，拉兄弟一把吧！"谢振国说："大丈夫不寄人篱下！依我看，你带着弟兄们上井冈山，当红军去。那里定会欢迎你们弃暗投明的。"

听到这话，张威心头一震，面部表情由紧张变得和缓，倒迫切希望谢振国多给他讲讲井冈山，说说红军的情况。于是，谢振国从共产党的性质、任务到红军的宗旨、作风，从红军的兵运工作到对待敌军的俘虏政策，一一给张威道来。

其实，张威早年在国共两党合作期间，对共产党已有了解，对共产党人也从未有过恶意，只是调防来到江西，才奉上司之命，三番五次地进攻红军，可屡战屡败，深感共产党、红军的厉害。当谢振国提示他投奔共产

党，上井冈山当红军时，他倒觉得这确实是他的一条生路，是一条脱离目前危险处境的唯一办法。

这一夜，也成了张威的不眠之夜。

第二天，张威精神焕发，满脸喜色，来到酒店告诉谢振国：他决定立即率部起义，上井冈山去投奔红军。谢振国当即代表莲花县委、莲花红色独立团向他表示欢迎，两人立即开始策划起义事项及上山的路线。

莲花九都

1928 年 9 月，张威经过深思熟虑并同谢振国一起精心策划之后，在袁州城宣布改旗易帜，弃暗投明，起义上山！旋即他率领全营官兵火速离开袁州城，星夜兼程，向井冈山区的莲花九都方向靠拢。第二天，敌团部发觉张威拖枪起义，奔向井冈山了，立即派出部队追击，一直追到安福县境的武功山下。双方激战一场，张威终于摆脱了追兵。而后，几经周折，在莲花县内和莲花县红色独立团团长陈竞进取得了联系，两部胜利会合。

中共莲花县委和红色独立团为表示欢迎张威起义前来，当天杀猪热情招待张威的全营官兵。

经中共莲花县委决定，张威部编入红色独立团，张威仍任营长，并留驻莲花境内，开展打土豪分田地的群众工作。张威部毕竟是一支尚未经过改造的旧军阀的队伍，队伍中赌博成风，纪律松散，战斗力也不强。为了把这支武装改造成真正的红军，不久，中共莲花县委和红色独立团接到中共湘赣边界特委和红四军军委的命令，命张威部立即开赴井冈山，参加红四军的冬季整训。

迎接张威部的莲花红色独立团团长陈竞进

1928年11月，张威率其所部离开莲花，开赴井冈山，接受共产党的改造，后编为中国工农红军第四军独立营。从此，他们踏上了胜利的征途。

遗憾的是，1929年1月张威率部随红四军主力开赴赣南闽西时，在途中壮烈牺牲。

参考资料

［1］毕占云：《忆红四军特务营》，载井冈山革命根据地党史资料征集编研协作小组、井冈山革命博物馆编《井冈山革命根据地》（下），中共党史资料出版社，1987。

［2］何长工：《改造袁王与"双枪兵"》，载井冈山革命根据地党史资料征集编研协作小组、井冈山革命博物馆编《井冈山革命根据地》（下），中共党史资料出版社，1987。

跃上井冈旗帜新

彭德怀

1928 年 2 月，担任湘军独立第五师第一团团长的彭德怀与刚从黄埔军校毕业回来的黄公略在湖南南县团部门前的柳荫堤上交谈了一上午。黄公略叙述了广州的革命形势和途经上海、武汉、岳州的见闻。彭德怀谈了创办随营学校的章程及其经过。黄公略赠彭德怀一首诗。彭德怀得诗之后说："我不会作诗，送你几句顺口溜吧。"彭德怀所说的"顺口溜"中就有这么几句：

唯有润之工农军，跃上井冈旗帜新。

我欲以之为榜样，或依湖泊或山区。

1928 年 7 月 22 日，彭德怀、滕代远、黄公略率部在平江起义，组建了中国工农红军第五军。

就在这时，彭德怀接到中共湖南省委指示，要他率领红五军迅速奔赴井冈山，向朱德、毛泽东学习，学习井冈山建党、建军、建政、土地革命的经验，为巩固和扩大湘鄂赣根据地创造条件。

省委的指示同彭德怀的愿望不谋而合。8 月底，彭德怀和红五军军委书记、军党代表滕代远毫不犹豫地执行了省委的指示，留下黄公略率三个纵队在原地打游击。彭德怀与滕代远率军部和两个纵队八百余人、五百余支枪，开始向井冈山进发。

然而，彭德怀进军井冈山的行动却一波三折。第一次，部队行至江西万载的大桥时，遭到敌军的重兵袭击，伤亡惨重，不得已折返平江、修水、铜鼓三县交界处休整。

9月上旬，湘赣两省敌军联合数万之众又开始向着这支仅剩五百余人的军队发动进攻。这时，彭德怀、滕代

黄公略

平江起义旧址：天岳书院

平江彭德怀旧居

红五军在井冈山的军部旧址

258

远率领红五军欲东先北，来个突然向北进军，攻击湖北的崇阳、通山一带，还在渣津镇消灭了江西省的宪兵营和当地的地方武装。红五军沿途组织宣传队、工作队，发动农民群众参军参战，五百余人的队伍，很快就发展到两千多人了。当他们从湖北又突然南下江西，开到江西白沙岭驻扎，准备第二次上井冈山时，第四大队队长雷振辉突然叛变，彭德怀险遭不测。这次只好又放弃上山的意图，红五军第二次上井冈山也未能成功。

彭德怀挥师离开白沙岭，回到台庄。这时，红五军军委与湘

滕代远

鄂赣边界特委在修水台庄召开联席会议，会议从当时形势和斗争实际出发，将地方武装编入红五军主力，统编为五个纵队。

会议决定：由吴溉之领导第一、第三纵队在平江、铜鼓、修水一带发动群众，扩大红色区域；由黄公略率领第二纵队在浏阳、万载一带开辟新的革命区域；由彭德怀、滕代远指挥红五军军部和主力第四、第五两个纵队第三次再上井冈山和红四军取得联系。

这次，红五军吸取了前两次上山的经验教训，从修水台庄出发，直接奔袭江西的万载县城，以迅雷不及掩耳的军事行动，突然占领了万载县城。敌人毫无戒备，只得全部缴械。占领县城后，红五军立即开展群众工作，广泛宣传共产党的宗旨、红军的任务，得到万载人民的拥护和支持。稍事休整后，便离开万载，开始向井冈山挺进。

在进军井冈山的路上，又多次遇到了敌军的追击封堵。为了冲破敌人的封锁，摆脱敌人的追击，红五军的将士们受尽千辛万苦，一天打数仗，每日行军一百多里。战士们用土办法疗伤；自己打草鞋，穿草鞋行军；天

江西修水台庄

冷了，没有棉衣，就用缴获地主豪绅的棉花、布匹自己动手缝制……他们取道株潭、西村、宣风镇等地，马不停蹄地朝既定目标——井冈山急行军。一路上，势如破竹，所向披靡。这支不知疲倦之师，于 1928 年 12 月上旬，终于到达了井冈山革命根据地的北大门——莲花县。

在莲花，彭德怀、滕代远受到了红四军军委和毛泽东、朱德派来迎接他们的何长工的欢迎。几天以后，彭德怀率领的八百余人、五百多支枪的红五军主力又开始向井冈山出发。

1928 年 12 月 10 日，井冈山上，晴空万里。在井冈山下的宁冈县新城，两股革命的洪流——中国工农红军第四军、第五军胜利会师了！毛泽东、朱德和彭德怀、滕代远，四双巨手紧紧地握在一起。红五军的将士们在向井冈山的艰苦转战中，足迹遍布了湘鄂赣三省边界，翻越了数以百计的崇山峻岭，途经平江、修水、万载、萍乡、莲花等六七个县，行程数千里，击退了敌人无数次的围追堵截，终于来到心中向往已久的井冈山。

　　这天，在宁冈新城外的一个偌大的广场上，举行了红四军、红五军的两军会师大会。

　　大会执行主席陈毅，挥毫为主席台书写对联一副：

　　　　在新城，演新戏，欢迎新同志，打倒新军阀；
　　　　趁红光，当红军，高举红旗帜，创造红世界。

　　红四军、红五军两军的指战员们，按照统一的安排，在主席台前列队就位。中共井冈山前委书记毛泽东、红四军军长朱德和彭德怀、陈毅、滕代远等领导依次走向主席台。然而这时却出现了一个意想不到的小插曲。因这个台子搭得比较简单，当走上主席台的领导同志越来越多时，突然，"扑通"一声，台子被压垮了。

延安时期的滕代远

　　几十年后，彭德怀元帅回忆这件事时说："搭起的台子，搭得不稳固，人一上去讲话，就垮下来了。有人觉得不吉利，朱德军长说：'不要紧，垮了台，搭起来再干吧！'又把台子搭起来开会。"

　　当年跟随彭德怀一起上井冈山，并参加这个会师庆祝大会的李寿轩将军，对塌台子这件事记忆犹新。他说："开会时，领导同志一起走上台去，没想到台子搭得比较简陋，走上去的人多了一些，一下子把台子压垮了。我们就立即动手，把台子重新搭好。这时，人群中有人小声地议论开了，说什么：'哎呀！这可不吉利呀！今天刚会师台子就垮了。'这话大概被朱德同志听到了，他笑嘻嘻地跑上台去，朝大家说：'同志们，不要紧，刚才台子垮了，但是，我们立刻又把它搭好了，无产阶级的台是永远垮不了的。'这时，人群中立即响起了一片欢呼声。"

　　红四军、红五军两军会师后，毛泽东从红四军中派出大批党代表到红五军各个大队协助开展政治工作，帮助建立和巩固各级党代表制度，传播红四军政治工作的经验，红五军也派士兵代表到红四军来学习士兵委员会的工作。从此，红五军的政治思想工作和红四军一样，扎扎实实地开展起来了。

　　会师以后，正值湘赣两省反动派加紧准备对井冈山革命根据地进行第三次"会剿"。红四军与红五军的将士们一起投入到了保卫井冈山革命根据地的艰苦战斗中。

参考资料

　　彭德怀：《彭德怀自述》，人民出版社，2007。

红军第一所正规医院

　　毛泽东率工农革命军上井冈山之初，在宁冈茅坪办起了工农革命军自己的第一所医院。部队在这里安置了伤病员之后，才能继续前进。

　　医院一开始设在茅坪的攀龙书院。攀龙书院创建于清同治丁卯年（1867）秋，是一栋土木结构的三层楼房，中间有天井，是典型的客家建筑，占地面积800多平方米。

井冈山红军医院旧址：茅坪攀龙书院

　　这里虽叫"医院"，但简陋得叫人难以置信，缺医少药，器具简单。初期只有 3 名医生，加上看护和担架人员才 20 多人。

　　曾在这所医院任中医的当地老人赖辛达回忆说："毛主席 1927 年 10 月割禾后来到宁冈，三湾改编时成立的卫生队就设在这里，共有 40 人左右。这个卫生队在茅坪的攀龙书院建立了一个医院，有中医赖于华、陈金，西医吴鹏飞共 3 个医生，11 月又增加我和黄少古、谢贻阶 3 个中医。现在旧址这边的一个小膳厅是当时中医的医疗室。轻伤员、担架队住楼上，床铺摊在楼板上。起初伤病员只有四五十人，伤员用的中药，是靠大陇、滩头两个小药店供给……后来不久药就用完了，我们就上山去挖了 70 多种草药，有金银花、土茯苓、木通、麦冬、厚朴、茴香、金樱子、车前草、五加皮等。1928 年农历四月，毛主席发动打永新，搞到不少药放在茶头源，这时药材丰富了，部队和群众都来这里看病、买药。"

　　根据地扩大以后，疗伤和救护的任务就越来越重了，当时担任过护士的肖明回忆说："朱军长和毛委员的两支部队在井冈山会师时，当时茅坪医院里有一个莫队长和叶党代表，下面只有几个中医和西医，设有一个医务室，还有看护排、担架排、事务排，每排有十多个人。这医院内只能容纳四五十个病人，但来来往往的病人比较多。这时，医院里的药材已开始缺乏，虽然各地党组织想方设法冲破重重困难，把治枪伤用的红汞、碘片等西药也送到根据地来，但是不够用。因此，医院就组织医务人员和附近的群众上山采草药。……因为没有西药，就用中草药来治枪伤；没有碘片了，就用盐水洗伤口。部队打仗时，医院的医生、担架排就随部队上前线救护伤员，国民党的俘虏兵受了伤的，我们也给他治疗。"

　　茅坪的这所医院，虽说简单、原始，但却挺管用，帮助工农革命军解决了上山之初的许多实际问题。原人民解放军上将、总后勤部部长张宗逊说："我在茅坪医院住过两次，第一次是打茶陵后，第二次是黄洋界战斗后。……医生每天用竹片捅到伤口里，把旧纱布拿出来，换上新的，换药时痛得难忍，总不见效。后来请来本地的一些草药医生，也不知用的是什么草药，有草根、青草、树皮，混在一起，砸成糊糊，然后敷在伤口上，把脓血都弄出来，再贴上一张膏药，一个星期就好了。……我记得那时在茅坪不叫医院，只是伤病员在里面住着治病。在山上叫红军医院，就是在小井，是1928年冬天建立起来的。"

　　红军队伍不断扩大，战斗日益频繁，伤兵也日渐增多，这时，在井冈山上又建立了一个医务所来缓解矛盾。但有时伤兵突然增至数百人，茅坪和大井的医疗条件都已不适用了。1928年6月间，毛泽东和朱德决定在井冈山上的大小五井成立红军的第一所正式医院。

井冈山红军医院内景（茅坪）

　　军委决定，由红四军后方留守处处长邓允庭负责领导筹建医院的规划工程；由防务委员会主任王佐负责筹集建院的资金。正当筹划小井红军医院建筑的时候，龙源口战斗打响了，这时，八百多名伤兵被源源不断地抬上了井冈山。为了应急，医院决定先在大小五井成立四个管理所，一、二所设在大井，三所设在中井，四所放在小井，所有伤兵全部住在当地群众的家里。

　　伤兵越来越多，建医院的任务越来越紧迫。红四军军委决定，为克服

265

建院的资金困难，号召军民自觉募集资金。很快，有捐三角的，有捐四角的，也有捐一块的，合计起来，已有一千块大洋，木工、篾工、铁匠等人的工钱可以解决了。

至于建院的建筑材料，军民们就地取材，上山砍杉木做梁，锯板子做墙，取杉树皮当瓦，男女老幼齐动手，盖起了医院的第一栋房子。当时曾志（时任医院党总支书记，新中国成立后曾任中组部副部长）怀孕七个月了，还挺着大肚子和大家一起上山砍木头，剥树皮。

这所医院，原来计划建三栋房屋，但第一栋才建好不久，1929 年 1 月 29 日，窜进根据地的敌军一把火将它烧得精光。130 多名重伤员全部被敌杀害，医院内所有的病历、病员名单和医院管理人员的资料，随着这把火也化为灰烬。新中国成立后，井冈山革命博物馆的同志几经周折，从南到北，采访所有从这所医院走出去而尚健在的老将军们，才得到以下这样一个粗略的管理机构和管理人员的名单：

井冈山小井红军医院

建院时间：1928 年秋末

建院主持：邓允庭、王佐

医院设计：朱启正

建院施工：朱启正、朱兴仁、朱天梁、肖仁寿、刘某某等

院长：曹镰

党代表：肖光球

党总支书记：曾志

医务主任：段执中

看护（护士）排长：王云霖

看护（护士）：肖明、伍道清等

事务长：董青云

西医医师：资彬、徐鸽等

中医医师：谢秋月、李保山等

草医医师：吴海泉、吴文奎等

机构设置：总院院部设中井村大树窝群众家

　　四个医务所：第一、二所设在大井村，第三所设在中井村，第四所设在小井村

　　小井红军医院住院部下设有：医务室、换药房、中药房、草药房、担架排（三十余人）、看护排（三十余人）、事务排（十余人）

邓允庭

王云霖

　　大小井红军医院当时各方面条件都很艰苦，最大的问题是药品缺乏。由于敌人对井冈山实行经济封锁，药品短缺现象经常发生。当时的药品一部分是从敌人手里缴获过来的，另外就是到敌占区去购买。

　　1928年7月，毛泽东率部在永新开展斗争，留守在井冈山的杨至成（红四军副官长，新中国成立后任高等军事学院副院长，上将）看到伤病员因缺医少药，在床铺上辗转呻吟，心里十分难受，于是决定到永新去找毛泽东解决一些经费，给伤病员们买药。他到永新时，毛泽东刚好到农村搞调查去了，等了两天才回来。当天晚上，杨至成把伤病员的情况向毛泽东做了汇报。毛泽东静静地听完，说："我们好人没有吃没有穿，是不大成问题的，但对伤病员一定要照护周到，不然就会影响战斗情绪。这不单是个伤病员问题，而要看作一个战斗问题。如果不医治好伤病员，传到部

267

小井红军医院旧址

队中去，就会在战士中起不好的影响。所以说，对伤病员的医疗、看护工作都很重要，是一个政治任务。"

毛泽东接着问杨至成："你们要解决什么问题？"杨至成直截了当地说要解决钱和药的困难。毛泽东爽快地说："好吧，你们到三十一团去，和卫生处去商量一下，分一点药。钱现在是困难，部队的菜钱还没有。不过不管怎样，也要团经理处想办法，给一些让伤病员用。"

毛泽东又问要多少钱，杨至成说要200块大洋，毛泽东便写了个条子要三十一团团长朱云卿去办。朱云卿叫传令兵找来团经理处、卫生处两位处长。卫生处虽然药少，但为了照顾医院的伤病员，他们还是尽可能分出了一些碘片和其他必需药品。可经理处的经费实在困难，想尽办法才凑到160块大洋。

杨至成回到井冈山后，把这次到永新向毛泽东汇报的经过向伤病员们谈了，伤病员们都很感动，他们表示：一定要把伤养好，赶回前线杀敌，以报答组织上的关怀。杨至成把带回来的钱，60块用作伤病员的伙食费，100块交给王佐，让他通过关系到吉安去买药。

医院的医疗器械也很缺乏。医生们因陋就简，用了许多土办法来代替。消毒的盒子是自制的，即把大竹子截成一段一段，然后去掉竹节，剖成两半，再把中间一部分削掉一些，做成盒子式的用具，用来消毒。镊子也是用竹子削成很薄的竹片，再放在火上烤一烤，然后把它一弯，就成了镊子。一块普通的纱布，或者一条普通绷带，都是洗了又洗，用了又用，从来舍不得轻易丢掉，直到实在不能用为止。做外科手术，没有骨锯，就用木匠用的细齿小锯子，经过开水消毒后，用来做截肢手术。

红军医院使用过的药书

红军医务人员使用过的药书

伤病员们的生活给养也很差，平常的伙食主要是红米南瓜。尽管这样，医院的伙食标准还是要比部队高一点，部队是五分钱的菜金，有时还

没有，伤病员则是一角钱。当时，部队上油和盐虽然很少，但对伤病员是保证供给的，每人每天有三钱油、五钱盐。

医院的治疗条件虽然很艰苦，但是伤病员们的精神却很乐观，他们自制乐器，自编自演文娱节目，还为每批出院的伤病员举办联欢会，表演自己编的节目欢送他们重返前线。

红军医务人员使用过的药臼

杨至成（拄拐杖者）重上井冈山

参考资料

[1] 井冈山革命博物馆编：《井冈山革命博物馆志》，江苏人民出版社，2007。

[2] 袁井红、肖邮华、李美兴、饶道良编著：《红绿辉映井冈山》，江西人民出版社，2003。

五大哨口

　　井冈山军事根据地是红军的军事堡垒。毛泽东 1928 年 11 月在给中央的报告中详细地描述了这个军事根据地的情况：

　　"第一个根据地是井冈山，介于宁冈、酃县、遂川、永新四县之交。北麓是宁冈的茅坪，南麓是遂川的黄坳，两地相距九十里。东麓是永新的拿山，西麓是酃县的水口，两地相距百八十里。四周从拿山起经龙源口（以上永新）、新城、茅坪、大陇（以上宁冈）、十都、水口、下村（以上酃县）、营盘圩、戴家埔、大汾、堆子前、黄坳、五斗江、车坳（以上遂川）到拿山，共计五百五十里。山上大井、小井、上井、中井、下井、茨坪、下庄、行洲、草坪、白银湖、罗浮各地，均有水田和村庄，为自来土匪、散军窟宅之所，现在做了我们的根据地。但人口不满两千，产谷不满万担，军粮全靠宁冈、永新、遂川三县输送。山上要隘，都筑了工事。医院、被服厂、军械处、各团留守处，均在这里。现在正从宁冈搬运粮食上山。若有充足的给养，敌人是打不进来的。"

　　1928 年 10 月 4 日，在中共湘赣边界第二次代表大会上，做出了建设军事根据地的决议，强调："第一，修筑完备的工事；第二，储备充足的粮食；第三，建设较好的红军医院。"因此，会后井冈山军民集全力修哨口、挑粮和建医院。其实，在井冈山会师后，毛泽东、朱德等红军领导人围绕着山上的大小五井村，走村串寨，登山越岭，已经进行了仔细的考察，一条条山沟，一座座山巅，都遍布了他们的足迹。经过他们精心的勘察，发现只有五条崎岖的羊肠小道通往山外，于是，决定在这五条小道的要隘处，构筑五个哨口工事，成为进出大小五井村的五扇大门。

　　除了前文所述的北面的著名黄洋界哨口外，还有西北面的八面山哨口、西面的双马石哨口、南面的朱砂冲哨口和东面的桐木岭哨口，这五处哨口共同组成了井冈山著名的五大哨口。

黄洋界哨口（历史照片）

　　八面山哨口位于井冈山军事根据地的西北面，海拔1484米。站在八面山上眺望，四面八方的崇山峻岭历历在目，八面山由此得名。

　　1928年夏，井冈山军民在八面山修筑了三个工事，设置了三道防线，搭了一个简易的哨棚。这个哨口有红军日夜守卫，大井乡工农兵政府也经常派暴动队队员协助红军放哨，防御湘敌的入侵。当年有一首民歌唱道："山上溪水弯又长，八面山上放豪光。红军哨口在山腰，好比天然大城墙。八面山啊山坐山，哨口设在山上山。反动白狗来进攻，有命来哩没命还。"

　　1929年1月，湘赣敌军对井冈山进行第三次"会剿"。当时守卫哨口的部队是红五军第十大队，还有暴动队三十多人参战。战斗持续数日，多次打退敌人的进攻，击毙、击伤敌人数百。最后，在敌人猛烈炮火的攻击

黄洋界哨口工事遗址

八面山远景

下，工事全被摧毁，红五军第十大队大队长彭包才和大部分红军战士壮烈牺牲。

双马石哨口位于井冈山军事根据地的西面，海拔1000米。从此处往西，途经荆竹山，可达湖南酃县的大院等地，是当年红军阻击湖南敌军进犯根据地的一个重要关卡。因石阶路旁有两块大石重叠在一起，远看形似马头，故又称"双马石"。

1927年10月24日，毛泽东及其所部在王佐的代表朱持柳的带引下就是经双马石登上井冈山进驻大井村的。

1928年5月开始，红四军在此设立哨口，构筑三个主要工事、数道防线和一个哨棚，平时有一个排的兵力在暴动队队员的配合下，守卫在此，以防敌军进犯。

双马石哨口（历史照片）

1929年1月，在井冈山军民第三次反"会剿"中，红五军第十二大队大队长黄龙指挥所部坚守在这个哨口上。月底，井冈山失守后，彭德怀命守卫在这里的红军战士转移到茨坪集中，然后经井冈山主峰的河西垅，

从遂川县大汾方向突出重围，到瑞金和红四军主力会合，从而保存了革命的有生力量。

朱砂冲哨口位于井冈山军事根据地的南面，海拔 600 多米。哨口屹立在悬崖峭壁之间，下面是深邃的峡谷，有潺潺的朱砂河水流过；上面是耸立的山峰，一条蜿蜒起伏的小路从哨口经过，有"一夫当关，万夫莫开"之险。附近的路旁有一小洞，常有朱红色的泉水溢出，朱砂冲因此而得名。

哨口上原有一木亭，名叫"观音亭"。原来亭内石壁上凿一神龛，中间放观音像一尊，两侧写着一副对联："此处危关多险要，观音护路救行人。"成为军事哨口之后，红军在亭子的前面筑了一个工事，属第一道防线；在距离哨口大约 15 里的凤龙排筑了三个工事，属第二道防线。这两道防线，都由红四军王佐部担任守卫。

朱砂冲哨口

　　朱砂冲哨口地势极为险要，易守难攻，在军事上有很重要的意义。1928年1月4日，毛泽东率领工农革命军出朱砂冲哨口，直捣遂川县靖卫团头子萧家璧的老巢——大坑镇，第二天占领了遂川县城。此后，凶狠的萧家璧、李世连率反动民团曾多次企图越过朱砂冲哨口进犯井冈山，但都被我守卫部队打退。

　　桐木岭哨口在井冈山革命根据地的东面，海拔860多米。每年春末夏初，桐木岭上盛开的桐树花，一团团，一簇簇，点缀着整个山头，桐木岭因此得名。

红军流动哨所：桐木岭哨口风雨亭

　　桐木岭哨口包括一个总哨口和三个分哨口。总哨口叫马坳，它是通往茨坪的咽喉。总哨口和分哨口都筑有坚固的工事，工事外围埋有竹钉。桐木岭哨口通常有红军一个连的兵力在白银湖和罗浮暴动队的协助下守卫，防御赣敌的入侵。

1965 年 5 月 22 日下午毛泽东主席和中共湖
南省委书记张平化在黄洋界合影

　　1929 年 1 月中旬，国民党反动派调集 18 个团聚集在井冈山下，把各
个路口层层封锁。当时守卫桐木岭哨口的部队是红五军第八大队和第九大
队，由纵队长贺国中指挥。开始，敌人不敢向哨口大举进攻，只是每天发
射几次炮弹。有时也派小股部队偷袭，但都被红军打退。红军战士日夜守
在哨口，饿了吃炒米，渴了喝雪水。一位当时参加过战斗的群众说："当
时红军战士的帽檐像耕田的耙子一样，冰凌子一根一根地吊下来。"到了 1
月 29 日，因八面山、黄洋界哨口被敌人攻破，守卫桐木岭的红军被迫撤出

战斗。

这五大哨口，又似井冈山上的五扇山门、五道关卡，构成了井冈山革命根据地的军事防御体系，使井冈山成为红军初期进可攻、退可守的军事堡垒，成为保卫中国第一块农村革命根据地内党、政、军高级指挥机关的天然屏障。

参考资料

［1］井冈山革命博物馆编：《井冈山革命博物馆志》，江苏人民出版社，2007。

［2］袁井红、肖邮华、李美兴、饶道良编著：《红绿辉映井冈山》，江西人民出版社，2003。

［3］井冈山市人民武装部编：《井冈山军事志》，国防大学出版社，1992。

"这样要共产党真万岁就好"

罗霄山脉中段是政治、经济、文化都比较落后的地区，统治阶级的剥削和压迫也相当残酷。工农革命军来到井冈山后，积极向群众进行宣传，号召贫苦农民起来开展土地革命斗争。

井冈山的土地革命最早是从调查研究开始的。毛泽东曾亲自在宁冈坝上和永新塘边等地进行调查研究，并写下了《宁冈调查》和《永新调查》，总结了井冈山地区的土地实际情况。1928 年 3 月，毛泽东率工农革命军前往湘南时，在沿途的一些地方进行过插牌分田，为后来大规模的土地革命运动积累了经验，奠定了基础。

毛泽东宁冈调查旧址：坝上村

毛泽东永新调查旧址：塘边村

经过调查研究，湘赣边界党和政府对边界的土地状况有了基本了解。各县占人口5%以下的地主占有土地都在60%以上，其中江西遂川县的土地最集中，80%是地主的，江西永新，湖南茶陵、酃县等县的土地约70%是地主的。毛泽东在给中央的报告中曾说："边界土地状况：大体说来，土地的百分之六十以上在地主手里，百分之四十以下在农民手里。江西方面，遂川的土地最集中，约百分之八十是地主的。永新次之，约百分之七十是地主的。万安、宁冈、莲花自耕农较多，但地主的土地仍占比较的多数，约百分之六十，农民只占百分之四十。湖南方面，茶陵、酃县两县均有约百分之七十的土地在地主手中。"

毛泽东在永新塘边调查时坐过的石头

在大量调查研究和个别地方进行试点插牌分田的基础上，1928年5月开始，在湘赣边界工农兵政府的统一领导下，井冈山根据地内开展了轰轰烈烈的土地革命运动。苏区政府采取"全部没收，平均分配"的方法，按田的好坏平均分配给农民。至7月，土地基本分配完成。土地革命极大地

激发了广大贫苦农民的斗争积极性，解放了农村生产力，有效地支援了革命战争，加快了根据地的发展。

1928 年 11 月，边界党组织结合中央的指示精神，并总结了井冈山土地革命的经验，于 12 月制定了在中国共产党领导下的第一部具有法律效应的、成文的《土地法》。这个土地法解决了土地的分配问题、山林的分配和竹木的经销问题、土地征收和使用问题、红军和赤卫队官兵分得土地无人耕种的问题。这是中国共产党在土地革命战争初期第一部比较完备、比较成熟的土地法，为后来波澜壮阔的土地革命斗争提供了宝贵的经验。

井冈山时期红军标语：实行土地革命

井冈山时期红军标语：彻底平均分配土地

农民终于获得了梦寐以求的土地，种田的积极性高涨。这一年，粮食增产了一倍多，加之又不需交苛捐杂税，收成粒粒归自己，不但能吃饱，而且还有积余。这年冬天，新遂边陲特别区工农兵政府白银湖乡的农民聚集在乡政府的大祠堂门前，这些第一次解决了温饱的农民七嘴八舌地议论着怎样来表达对为农民谋幸福之红色政权的感激之情。桐木岭农民邱启山有些见识，他说："过去老百姓称皇帝为万岁，毛委员救了我们穷苦人，他是共产党的代表，我们穷苦人就喊共产党万岁。"大家都认为邱启山讲得很有道理，要他喊一喊。邱启山便站在祠堂前，举起手高呼："共产党

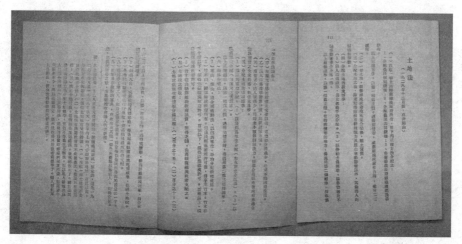

井冈山时期的《土地法》

万岁！"在场的农民也跟着振臂呼喊起来。从此，这个口号就在井冈山革命根据地内传开了。

1928年6月15日，湖南省委巡视员杜修经在写给湖南省委的报告中说，分得土地后，"即有农民自然的呼声，如，'这样要共产党真万岁就好'"。

参考资料

［1］杜修经：《杜修经给湖南省委的报告》，载井冈山革命根据地党史资料征集编研协作小组、井冈山革命博物馆编《井冈山革命根据地》（上），中共党史资料出版社，1987。

［2］毛泽东：《井冈山的斗争》，《毛泽东选集》第1卷，人民出版社，1991。

1929 年

柏路会议
——井冈山与瑞金的连接点

　　柏路会议是红四军离开井冈山向赣南闽西进军前夕召开的一次重大会议，会议全称是"中共井冈山前委、特委，各县县委、团特委，四、五军军委联席会议"，因为在原宁冈县柏路村兼营旅店和杂货的横店召开，因此党史上惯称为"柏路会议"。

　　会议召开的时间是 1929 年 1 月 4 日，离红四军下山还有整整十天时间。这天，来自中共井冈山前委，红四、五军军委，湘赣边界党、团特委，宁冈、永新、遂川、酃县、莲花县委和茶陵特别区委以及红四军二十八团、三十一团、三十二团和红五军五个大队的代表共 60 余人冒着严寒出席了这次在井冈山召开的最后一次大型会议。参加会议的有毛泽东、朱德、谭震林、宋乔生、毛科文等前委委员，彭德怀、陈毅、滕代远、宛希先、何长工、何挺颖、蔡协民、袁文才、王佐等军委委员，陈正人、邓乾元、朱昌偕、龙超清等特委委员，王遂人、王怀、朱亦岳、李郤非等各县县委领导。

　　井冈山的 1 月是最寒冷的季节，这一年，井冈山上的大雪纷纷扬扬地飘了 40 多天。如果不是因为井冈山到了生死存亡的紧急关头，也不会在这么冷的天气把大家从各地集中到柏路这个小村子来。

　　也许当时参加会议的人都没有想到，这次会议竟会成为井冈山与瑞金的一个连接点，一次承上启下的重大转折。正因为有了这次会议，才有后来波澜壮阔的中央苏区的革命斗争。

会议是在大战前的一种紧张气氛中开始的。但是，因为在前两天刚刚收到了中共六大决议案，所以，会议先传达学习了中共六大的报告。

中共六大于 1928 年 6 月 18 日至 7 月 11 日在苏联莫斯科近郊兹维尼果罗德镇的塞列布若耶乡间别墅召开，这是中国共产党历史上唯一一次在国外召开的全国代表大会，是为了系统地总结第一次国内革命的经验教训，批判右倾投降主义和"左"倾盲动主义的错误，明确新时期革命的性质和任务而召开的。从 1928 年 4 月下旬起，瞿秋白、周恩来等中央领导人和 100 多位六大的代表便相继分批秘密前往莫斯科参加这次大会。虽然会议的文件传到井冈山已是大会结束半年以后，但会议精神对井冈山来说是新鲜的。所以，大会众多的决议案，诸如《政治决议案》《苏维埃政权组织问题决议案》《土地问题决议案》《农民问题决议案》《职工运动决议案》《组织决议案提纲》《宣传工作决议案》《军事工作决议案（草案）》《共青团工作决议案》《妇女运动决议案》《关于民族问题的决议》等，在柏路会议上都进行了认真传达。

中共六大会议旧址

柏路会议学习传达过的中共六大文件

传达六大会议精神之后，大会开始对如何应对湘赣两省国民党部队对井冈山的第三次"会剿"进行详细的讨论。窗外冰粒的"沙沙"声、会场上劣质烟叶燃烧后散发出的浓雾和断断续续的激烈争论，使这次会议显得异乎寻常。由于角度不同，大家对如何应对来势汹汹的国民党军队也就产生了不同的意见。陈毅在 1929 年 9 月 1 日写给中央的《关于朱毛红军的党务概况报告》中归纳了当时出现的三种意见：

第一派以守为攻说：积极准备边界八县群众的力量，凭藉（借）井冈天险，引敌人到山下来攻，俟其疲敝，然后由红军及群众夹击消灭敌人。

第二派死守主义：在军事观点上断定井冈天险敌人不能攻破。……主张红军死守井冈，准备两月时期即可得最后胜算。

第三派抛弃边界说：红军应打圈子，到别处另图发展，不要在边界死守，红军一去敌人也要退去，如此才能保存边界党及群众组织。

针对这三种意见的争论，其实毛泽东和前委多数人对此都不大赞同。陈毅的同一个报告中也详细描述了当时前委对此的看法：

第一派的意见所谓夹击，实在把群众的力量太估量得大了，结果是夹攻不成红军陷在重围中无出路。第二，红军在此奋斗，即在保存群众革命以后所得的各种利益，并不是一定要这座井冈荒山，若让敌人深入边界各腹地把群众的利益一切打毁，甚至迫群众反水，则不待敌人打井冈而我们已大大失败。所以第一派的主张是一个红军死守根据地的主义，忽略了群众的利益，在战术上又空想群众能夹击廿四团的大敌，是不对的。

第二派死守主义之不对在战略上是讲不通的，战略上只有死守待援，若无援可待而主张守，只是守死而不是死守。因为有外援，守者预定一月、二月、三月、四月，援兵一到即可成功，有一个希望才能坚固死守决心。在井冈死守，内无粮草，外无救兵，怎能坚固军心？期望蒋桂战争爆发，来解井冈之围，这当然是一个毫无把握的事。

第三派抛弃边界说，是忽略了红军与群众不可分离的关系，红军脱离群众走到白色地方受敌人包围更易（被）消灭。群众在敌人进攻时看着红军逃脱，一定失望，要怨恨红军，结果于红军群众都有损失。所以第三派是红军自了、脱离群众的意见。

经过三天半的讨论研究，尘埃终于落定。会议基本达成一致，以"围魏救赵"的战略方针来打破敌人的军事进攻。所谓"围魏救赵"，就是一方面由朱毛率红四军主力向外突围，在解决红军给养的同时还可以牵制进攻根据地的敌军，减少井冈山的压力；另一方面由红五军与红四军三十二团（袁、王部队）留守井冈山，对付敌人的"会剿"，同时也是配合红四军主力的突围行动。

做出这样的决定是艰难的。根据地领导人本着"建设罗霄山脉中段巩固的根据地"的一贯做法，曾多次向中共湖南、江西两省委和中共中央汇报过坚持井冈山革命根据地的计划和决心。就在一个多月前，毛泽东在茨坪和茅坪两地起草了给中央的报告，也写道："整个罗霄山脉我们都走遍了，各部分比较起来，以宁冈为中心的罗霄山脉中段，最利于我们的军事割据。""我们始终认为罗霄山脉中段政权的创造和扩大，是十分必要和十分正确的。"但是，毛泽东也清醒地看到了井冈山所面临的经济困难。由于国民党政府的经济封锁，井冈山的经济已到了破产的边缘，到1928年冬天，每人每天只有3分大洋的伙食，还是难以为继。后来彭德怀在1929年10月写给中共湖南省委《关于平江暴动前后情况和经验教训》的报告中讲到一年前的井冈山仍然感慨地说："四军这时的困难，言之痛心，念之酸鼻。"毛泽东也坦陈道："我们对于'以赣南为退步的话'，非经济上到了绝路，非往赣南就无法维持时，决不走此一步。万不得已时也许要往赣南，但完全是为经济计而不是为政治的意义。"

而现在，就到了万不得已的时候了。

柏路会议旧址

会议还决定，红四、五军混编，以求指挥统一与训练方便。红五军编入红四军内，番号是三十团。彭德怀任红四军副军长兼三十团团长，滕代

291

远任红四军副党代表兼三十团党代表。

　　会议还有一个重要的议题，就是讨论通过了毛泽东代表中共井冈山前敌委员会起草的给中央的一个报告。这个报告从井冈山革命根据地党的建设、红军建设、军事斗争、经济斗争、政权建设和土地革命等诸多方面进行了经验教训的总结，阐述了"工农武装割据"的思想。这个思想为后来毛泽东到赣南闽西后形成的"农村包围城市，武装夺取政权"的中国革命道路理论奠定了坚实的基础。平心而论，这时绝大部分人完全认识不到"工农武装割据"的意义所在，只有到了后来，许许多多农村革命根据地如雨后春笋般地崛起，中华苏维埃共和国在红都瑞金宣告成立，人们才逐渐认识到这种理论的重要性和正确性。

参考资料

　　[1] 井冈山革命根据地党史资料征集编研协作小组、井冈山革命博物馆编：《井冈山革命根据地》（上下），中共党史资料出版社，1987。

　　[2] 江西省宁冈县地方志编纂委员会编：《宁冈县志》，中共中央党校出版社，1995。

　　[3] 中共中央书记处编：《六大以前——党的历史材料》，人民出版社，1980。

装点此关山，今朝更好看
——红四军开赴赣南闽西

1929 年 1 月 14 日，毛泽东、朱德、陈毅率领红四军主力 3600 余人离开井冈山，进军赣南，途中发布了落款为"军长朱德，党代表毛泽东"的红四军司令部布告。

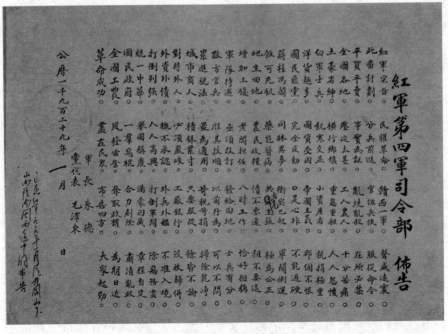

红军第四军司令部布告

朱毛红军虽然人数有 3600 多人，但枪支只有 1100 余支，和井冈山斗争全盛时期人枪比例基本是一致的。他们一大早从茨坪和行洲这两个小村庄出发，经朱砂冲哨口，踏上了前往赣南的漫漫征程。恐怕他们谁都没有料到，这一走，在全国革命胜利之前，他们都没有机会再回来了。

虽然部队不打算惊动当地的老表，但还是有许多人冒着凛冽的山风，踏着积雪来为红军送行。因为这支部队里面有许多人是他们的子弟亲人，有的是母送子，有的是子送父，有的是妻送郎……

后来，有一首叫作《十送红军》的民歌，用的是当年客家山歌的曲调，填上新词，再现了当时红军离开井冈山时，军民依依惜别的情景。

　　一送红军下了山，秋雨绵绵秋风寒。树树梧桐叶落尽，愁绪万千压在心间。问一声亲人红军啊！几时人马再回山？
　　……
　　三送红军到拿山，山上苞谷金灿灿。苞谷种子红军种，苞谷棒棒咱们穷人掰。紧紧拉着红军手，红军啊！撒下的种子红了天。
　　……
　　五送红军过了坡，鸿雁阵阵空中过。鸿雁能够捎书信，鸿雁飞到天涯海角。嘱咐咱红军，红军啊！捎信多把革命说。
　　……
　　七送红军五斗江，江上船儿穿梭忙。千军万马江边站，十万百姓泪汪汪。恩情似海不能忘，红军啊！革命成功早回乡。
　　……
　　九送红军上大道，锣儿无声鼓不敲。双双拉着红军的手，心像黄连脸在笑。血肉之情怎能忘，红军啊！盼望早日传捷报。
　　十送红军望月亭，望月亭上搭高台。台高十丈百玉柱，雕龙画凤放光彩。朝也盼晚也想，红军啊！这台名叫望红台。

红四军沿途张贴的布告，使红四军成了一支宣传队，一个播种机。张际春在《向赣南闽西进军》的回忆文章中说，红四军的四言体布告就是毛泽东亲自起草的。

1970年6月14日，时任农垦部副部长、井冈山时期红四军三十一团连党代表刘型回忆起井冈山斗争时期的一些情况说："四言体布告是主席写的，下山以前就写好，并用石印机印好，在进军途中张贴。进军时，都很紧张，每地并不多，都只住宿一晚，所以根本没有时间印材料，只能利用下山前的时间印四言体布告。"

红军用过的石印机轮子

石印机的石印石

"八月失败"后从广东上井冈山的宋裕和先是在红四军军官教导队学习，离开井冈山前夕，被调到前委职工运动委员会，担任宣传农民运动组

295

的组长。1970年6月21日，宋裕和在井冈山革命博物馆参观时重新看到了这份他曾亲手张贴过的布告。他说："当时石印机在县城里有，下山前《红军第四军司令部布告》已印好，下山一路就贴。"

红四军下山的第三天，1月16日，湘赣"剿总"何键就将朱毛红军的行踪详细电告了南京：

> 国急。南京国民政府主席蒋、行政院长谭、军政部长冯、第四集团军总司令李钧鉴：晶密。迭据金副总指挥及遂川李司令、永新张司令电告，据确报：久困井冈之共匪朱、毛、彭、黄，此次因我军大举进剿，异常惊惧，已于删日由井冈老巢窜出。有枪匪徒约四千，徒手者约五百，妇女约百人，牛马牲畜百余头，狼狈向大汾逃窜，该处靖卫队已被逼退等情。该匪乘我军集中期间，先行逃窜，似已证实，殊堪痛恨，拟即严令第一路军李司令迅率所部猛力侧击，跟踪痛剿。第五路军刘司令率所部取捷径推进至桥头圩，相机进驻大汾或浒坑，猛力堵剿，毋使南窜；并令第二、三、四各路司令按照计划肃清匪巢，跟踪追剿。倘使该匪急窜赣南，则原定计划又须夺更，剿匪区域势须扩大，肃清更不容易，善后尤感困难。敬乞迅示机宜，俾资遵守为祷。职何键呈。铣申印。

湘赣国民党军的主要任务是"会剿"井冈山，但他们看到朱毛下了山，不可能会让朱毛白白溜走，何键抽出了部分兵力尾追朱毛。因此，在朱毛向赣南开进的途中，国民党军李文彬第二十一旅、刘士毅第十五旅一直与朱毛同行。

从1月14日开始，李文彬、刘士毅便开始眼睛一眨不眨地跟定了朱毛，并将朱毛红军的一举一动随时随地电告何键和金汉鼎。在何键和金汉鼎向上峰的汇报中，不时可以看到他们引述李、刘二人的电报。

何键1月16日电：

> 晶密。职于删日西抵萍，接李司令文彬、刘旅长士毅寒删两

　　日电报称：前盘踞宁冈古城等处之朱毛匪部，均撤回井冈黄坳一带并有一部出没于上、下七及石门岭等处。又据金副总指挥删午电转李司令电话报称：删晨有匪四五千人在大汾开会，闻尚有续来者。刘旅长士毅铣子电称：朱毛共匪五六千人删晨已到大汾，决经黄坑盲窜赣州各等语。

　　正是从他们的往来电文中，我们至今仍然可以了解到红四军下山向赣南闽西进发的情况。

　　敌军的来势之猛，恐怕也是红四军始料未及的。本以为红四军离开井冈山能解井冈山之围，但实际上，不但井冈山之围未解，下山的红四军主力又被李文彬、刘士毅紧紧咬住了尾巴。3600 余人的队伍经遂川县的大汾、左安和崇义、铅厂，一路紧跑猛赶，20 日到达大庚（今大余）。追的追累了，跑的跑乏了。从 14 日以来，一直"结伴"而行的国共两军终于在大庚展开了正面交锋。

　　红二十八团党代表何挺颖就是在这次战斗中身负重伤的。接着二营营长李天柱负伤，独立营营长张威牺牲。下山以来首遭败绩的红四军集合起人马按预定计划向东转移。走到三南（江西的龙南、全南、定南三县）一带，身负重伤的何挺颖在马背上颠簸了几天后，落马身亡，年仅 24 岁。

　　何挺颖的牺牲，是红四军一个不可估量的损失。这位成功地指挥了黄洋界保卫战的高级将领，是红四军中为数不多的知识分子之一。何挺颖来自陕西省南郑县，是上海大学的毕业生，出身于书香门第。1927 年，他听从革命的召唤，与即将结婚的上海女友诀别，参加秋收起义，三湾改编时担任唯一一个团的党代表。毛泽东在井冈山被误传"开除"党籍时，正是何挺颖接任当时边界党的最高领导人——师委书记。

　　经过几天的急行军，红四军摆脱了粤军的追击，但李文彬和刘士毅部一直跟在屁股后面。2 月 2 日，红四军主力转战至寻邬县（今寻乌）的圳下。然而，气未喘匀，第二天清晨，刘士毅的先头部队已经赶到了。短兵相接之后，刘士毅的大部队也全部到了。这时红二十八团团长林彪早早地收了警戒，前委机关和军部被来势凶猛的敌人冲得七零八落。毛泽覃负重伤，朱德的夫人伍若兰被俘，被押往赣州，后在赣州被刘士毅杀害。

为了应付可能出现的危险，免遭袭击，以相呼应，红四军分成三路纵队前进，毛泽东、朱德、陈毅各率一路。接踵而来的几次失败给了红四军不小的打击，损兵折将后，全军将士迫切希望打一次翻身仗。为了打一个胜仗，教训一直尾随的刘士毅，鼓舞红军将士的士气，毛泽东费尽了心机，甚至不惜派出一个营深入瑞金城去搜集报纸，以了解外界的动向。

在接下来的前委会议上，大家达成了一个共识：自从红军在寻邬圳下遭刘士毅的袭击后，刘士毅认为红军软弱可欺，所以才会肆无忌惮地把红军逼到大柏地来。现在红军如再向北前进，则前有琴江、梅江所阻，后有追兵紧逼，渡江不利。现在已知对手是红军多次的手下败将刘士毅，且是孤军深入，只要在大柏地利用有利地形，给敌人一个伏击，定有取胜把握。

最后前委决定：选取大柏地通往黄柏的山隘伏击刘士毅，拦腰截击敌先头团，以一部分兵力利用山地在正面迎击，一部分兵力阻截敌人的退路和阻击援敌，给敌以歼灭性打击。

这是背水一战。从下井冈山以来一直憋着气的红军战士把心中的怒火全部集中到了大柏地。

大柏地远景

　　按照前委的部署，部队依次进入阵地。红二十八团二营为前哨营，在前村占据有利地形，掩护主力安全展开；一营从右翼向敌侧后迂回，断敌后路；三营在牛路坑高地正面阻击；红三十一团及军部特务营向敌左侧攻击。而上次得了清晨之利的刘士毅再次于 2 月 10 日清晨，带着部队向大柏地摸来。敌人一进入伏击地段，红四军便向敌人发起了猛攻。

　　这是一场势均力敌的交战，红军两个团对敌军两个团。

　　战至中午，刘士毅的一个团终于抵挡不住，败下阵来，被全部歼灭。另外一个团急忙向赣州方向败退。这天正是 1929 年农历正月初一，红四军迎来了一个开门红。统计战果：俘虏敌团长以下 800 余人，缴获步枪 200 余支，水旱机关枪 6 挺。

　　遗憾的是，敌军三十一团团长肖致平、副团长钟桓化装成士兵混在俘虏营中，红军战士没能认出他俩来，后来又把这两个不愿当红军而"愿意回家种田"的俘虏释放了。虽然放跑了两个重要的俘虏，但是，大柏地战斗还是以其辉煌的战果成为红四军下山后的一个转折点。

　　1933 年的夏天，毛泽东重过大柏地，回忆起四年前的这次战斗，写下了《菩萨蛮·大柏地》这首后来传诵很广的词：

菩萨蛮·大柏地
（一九三三年夏）

赤橙黄绿青蓝紫，谁持彩练当空舞？雨后复斜阳，关山阵阵苍。
当年鏖战急，弹洞前村壁。装点此关山，今朝更好看。

　　大柏地战斗后，因为蒋桂战争的爆发，李文彬第二十一旅也调离了江西。从此红四军在赣南立住了脚跟。

　　随后，朱毛率领的红四军在江西吉安的东固山根据地与江西红军独立第二、四团会师，进行了休整。之后，再向闽赣边界游击，打开了赣南、闽西的新局面。

　　新中国成立后，朱德在北京见到金汉鼎，说起二十年前的这一场你追我赶，朱德问他："李文彬还在不在?"金汉鼎说："还在。不过，跑到美

1970 年宋裕和重上井冈山

国去了。"朱德笑说："还是他能跑。要是当年他再追上几个小时，我们就没命了。"

参考资料

井冈山革命根据地党史资料征集编研协作小组、井冈山革命博物馆编：《井冈山革命根据地》（上），中共党史资料出版社，1987。

保卫井冈山

　　朱德和毛泽东率红四军主力一下山，彭德怀顿感肩上的担子重似千斤。他与党代表滕代远一道，主持召开了中共红五军军委和湘赣边界特委的联席会议。会议就红五军的防守做了周密部署：第五纵队纵队长李灿、党代表刘宗义带领第一大队在徐彦刚率领的莲花赤卫队的配合下守卫黄洋界哨口；第十大队在彭包才、李克如的率领下坚守八面山和双马石哨口；黄龙率第十二大队守卫金狮面；王佐率第三十二团守卫朱砂冲、行洲、下庄。

李　灿

徐彦刚

守卫桐木岭、白银湖、梨坪一线的，是彭德怀的爱将贺国中。

这年，井冈山下起了百年未遇的大雪，连续四十天纷纷扬扬的大雪把井冈山埋入茫茫的白色之中。1929年1月26日，步步紧逼的湘赣国民党军推进到了以茨坪为中心的井冈山军事根据地五大哨口的外围，向所有的红军工事发起了猛烈进攻。

五大哨口，每个哨口都修有四五道防线。第一道是竹钉阵，那种竹钉不是一般的竹钉，据老人回忆，竹钉用谷壳炒过，用马尿浸过，又用桐油浇过，既坚硬又锋利，凡踩上者，其肉必烂；第二道是五尺宽、五尺深的壕沟；第三道是竹、木编成的篱笆，上面削尖，埋在土里；第四道是运动壕，运动壕前留有炮眼，上面堆有四五尺厚的土。有的哨口还加一道滚木礌石。

大战前夕，红五军官兵将工事又加高了一些。这时，天寒地冻，已取不到土了，战士们便将水泼到工事上，一会儿，水便结成了坚硬的冰块，然后，再泼上一层……

开国中将姚喆当时是第八大队四班班长，他在桐木岭下的白银湖坚守了七天七夜。他回忆说："我守卫的地点是桐木岭哨口最紧要的地方。每天上午出操，做工事，下午背粮食，晚上还要削十个做障碍的竹钉。那时，我们构筑阵地都是就地取材，没有铁丝网、地雷，就砍些有刺的树枝堆在阵地前沿，再钉上几排尖尖的短竹钉，构成阵地前沿的障碍。南方军阀队伍都是穿草鞋，踩到树刺和竹钉上就要大吃苦头。山上很冷，我们没有棉衣棉被，身穿单衣，脚穿草鞋，晚上睡觉，中间烧一堆火，身上盖些稻草。有的同志用夹被装上稻草，就要算是最漂亮的被子了。"

井冈山雪大雾也大。在桐木岭、白银湖一带，五十米以外就看不见任何东西了。大雾、大雪在给红军的防守带来困难的同时，也给敌人的进攻造成困难。但是，敌人有精良的武器，人没上去，就用迫击炮、山炮、重机枪往上砸，往上扫。

李聚奎上将回忆说："敌人攻得最猛烈的是黄洋界、八面山、白银湖。我们第九大队守在梨坪，只有一个营的敌人来试探了一下。打了一两天，敌人也没什么猛攻，就撤退了。打得最厉害的是白银湖，整整打了四天四夜。我们在梨坪的山上，听到白银湖那边的机关枪'扑噜扑噜'地打，就像煮稀饭一样，一直不停。"

八面山是井冈山五大哨口中最高的一个，地处江西与湖南两省的交界，控制着湖南酃县通往井冈山的唯一一条小路。站在八面山上，极目远眺，脚下连绵起伏的山峰尽收眼底。

1月26日，湘军吴尚派三个团同时进攻黄洋界和八面山。守卫在八面山哨口的是彭包才和李克如率领的不到二百人的红军和地方武装。敌人充分发挥了他们的火力优势，迫击炮和山炮轮番往山头上轰炸，工事被一次次炸毁。最后，红军战士只好用睡觉用的稻草、被褥铺在工事上，并浇上水，使其冻成冰墙，继续坚守在哨口上。

当年守卫在八面山哨口上的红军指战员大部分都牺牲了。对于当年战斗的详细情况，后人所知甚少，只能从少数幸存者的讲述中去感受当年血战的残酷。李克如回忆："在黄洋界失守的第二天，酃县十都方面的敌人用炮架在山头上打，把八面山的工事打塌了。彭德怀同志命令我们用棕皮绷在工事上继续守，敌人兵力虽多，因受地形限制，不可能同时上来。大部队不行时，敌人就采取每天来一个营的办法，轮换着打。我们在这里坚守了一个多星期，后来敌人攻占了八面山阵地，并直接到了大井。我们向茨坪集中的去路被敌人截断了，通向茨坪的那几个口子的吊桥没有搭起来，只好从荆竹山方向出去，向赣南转移。"

1929年1月的最后一天，八面山终于没能抵挡住国民党军队的疯狂进攻。

黄洋界哨口以其极其险要的地势，一直成为红军与白军争夺的制高点。和其他的四个哨口一样，李灿和徐彦刚同样是在冰天雪地里带领战士与敌人展开殊死的搏斗，所不同的是，黄洋界的雪更大，冰更厚。三天的激战过后，1月29日傍晚，吴尚的部队用二百块银圆在宁冈的斜源村威逼利诱一个叫陈开恩的无业游民带路，沿着黄洋界后面的一条小溪，攀过悬崖峭壁，突然杀向红军的背后……

田长江是红五军的号兵，当时也守在黄洋界，他回忆说："敌人进攻井冈山的那天，大概是在阴历十二月份，已经下雪了。敌人从正面攻不上来，他们就从宁冈找到一个反动富农带路，从黄洋界后面完全没有路的山沟里爬上来。我们在黄洋界守了六天，最后敌人摸上了黄洋界挑水的道

路，占领了黄洋界后面。敌人是黄昏摸上来的。天亮后，我从前哨回到黄洋界，到后面洗脸吃饭，刚刚端起碗吃了一碗饭，就听到挑水方向响了一枪。我马上背上号，拿起枪跑到后面山上去，一看敌人从那边过来了，我忙打了几枪，通知前面的部队。这时，敌人一下子就冲了上来，我再也回不去了。"

接到黄洋界告急的报告，彭德怀心里一惊，急忙组织起在茨坪的红军学校的学员，又到小井医院召集了几十名轻伤员，于30日清晨向黄洋界赶去。彭德怀和李灿、徐彦刚采用两面夹击的办法，决心收复哨口。然而敌人的兵力越聚越多，而红五军的伤亡却不断增加。就在红五军夺回一个山头，正准备向另一个山头进攻时，有战士来报："八面山和桐木岭失守了!"彭德怀长叹一声，急忙从黄洋界赶回茨坪，组织人马全力以赴地抵挡着疯狂的敌人。可是，与不断增加的敌军相比，红五军的力量显得实在太小了。最后，幸存的红五军指战员被迫步步后退，集中到了茨坪。

黄洋界失守后，八面山、桐木岭、双马石三个哨口也相继失守，最后，只剩下了王佐带领的红三十二团和遂川县赤卫队坚守着的朱砂冲哨口。

一道难题摆到了彭德怀和滕代远的面前：是带着全军将士与敌人死拼到底，拼到没有一个人，还是带着剩下的人马撤退出去？很显然，如果死拼，即使全军将士阵亡也不可能守住井冈山了。

其实，性格刚直的彭德怀头脑一直是清醒的。战斗打响之前，在认真地分析过敌我力量后，彭德怀已料到了现在的结局。早在接受前委下达的守山任务时，在进行过守山的动员、研究过守山的计划后，1月上旬，红五军军委和湘赣边界特委还召开过一次联席会议。在这次会议上，大家的头脑是冷静的，大家都认识到，经过全体军民的努力，有可能打破敌人的军事进攻，保住井冈山革命根据地。然而，由于客观的形势和主观的力量所决定，反"会剿"中也会出现种种困难，甚至有可能遭到失利。

会议最后决定：在军事方面，五井如果被敌人攻破，红五军冲出五井，取道敌人薄弱的地方往赣南与红四军取得联系，各县地方武装则应尽可能隐藏于各县；政治方面，党不能离开群众，特委、各县委均须留下来指挥工作。

这是大家最不愿看到的最后一幕，但残酷的现实还是把井冈山根据地的革命武装逼到了这最后一步。面对强敌几路夹击的现实，彭德怀果断地决定执行红五军军委与湘赣边界特委原定的战略方案——跳出敌人密集的包围圈，向赣南转移。然而，经过这场生死之战，红五军能集合起来的也只有八大队、九大队、特务大队和十大队的余部。

后来得知，李灿和徐彦刚带领的一大队及莲花赤卫队虽与彭德怀隔山相望，但终被强大的敌人隔断。在弹尽粮绝的情况下，李灿、徐彦刚带着幸存的战士用绑腿布和衣服撕成的布条结成长绳，从黄洋界的悬崖上吊下去，转移到宁冈一带打游击，后来与何长工部会合。而守在金狮面的十二大队最终下落不明……

2月初的一天，彭德怀、滕代远带着剩余的不多人马，踏着积雪，沿着荆竹山、大汾，向赣南方向突围。

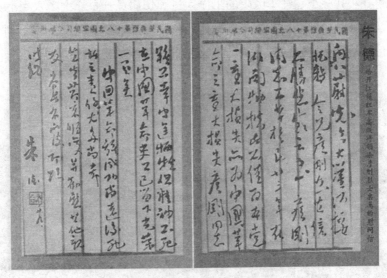

抗日战争时期朱德给徐彦刚弟弟的信

参考资料

[1] 井冈山革命根据地党史资料征集编研协作小组、井冈山革命博物馆编：《井冈山革命根据地》（下），中共党史资料出版社，1987。

[2] 彭德怀：《彭德怀自述》，人民出版社，2007。

井冈山的血与泪

敌人在闯进井冈山的那一刻，就开始大屠杀。

"会剿"敌军攻入五大哨口后进入的第一个村庄是小井。很快，他们便在小井掀起了大屠杀的第一个高潮。湖南敌军偷袭黄洋界成功后，从金狮面方向直扑小井。小井红军医院的工作人员和伤病员一百三十多人猝不及防，来不及转移，全部落到了敌人的手中。敌人一把火烧毁了建成不到一个月的红军医院后，又将一百三十多人全部赶到医院旁边的一块稻田里。

小井红军烈士殉难处

　　这时候的井冈山，早就坚壁清野了。敌人闯进小井，没有发现一粒粮食、一支枪，便把全部的怒火发泄到这些手无寸铁的医护人员和伤病员身上。但是，几番拳打脚踢和严刑拷打，敌人还是一无所获。他们终于使出了最后一招——架起了三挺机关枪。一阵疯狂的扫射，一百三十多名医务人员和伤病员成排地倒下，尸体堆成了一座小山。

　　当天晚上，躲在山上的群众悄悄地下了山，在大井乡工农兵政府的组织下，把这些烈士的遗体分作三堆就地掩埋在稻田里。1951年，当地政府把这些烈士的遗骸从小井迁到茨坪重新安葬，并建造了一座井冈山革命先烈纪念塔。1970年，在烈士殉难处的原墓地修建了烈士墓和烈士纪念碑。

小井红军烈士墓

　　由于年代久远，当事人又无一生还，现在我们已无法全部知道他们的姓名，经过多方的查询，我们只查到了十八个人的名字，他们是：

医生：资彬、徐鹄、谢秋月、吴海泉、吴文奎

湖南宋阳籍伤员：李新华、徐新、李玉发、邓颖发

湖南安仁籍伤员：汤新民

湖南湘西籍伤员：彭振辉

湖南浏阳籍伤员：王起荣、李世新

江西永新籍伤员：朱娥龙

江西宁冈籍伤员：吴鸿录

湖北籍伤员：王梅朵、徐子龙

北方籍伤员：吴风图

历史将永远记住这些留下姓名的和没有留下姓名的死难者。

给我们提供这份珍贵名单的，是当时小井红军医院的管理员董青云。1928 年他随朱德、陈毅上井冈山，一开始在红二十八团当战士，在一次战斗中左脚负伤，被送到红军医院治疗，脚治好后便留在了医院，开始负责管理第四组红军伤病员的工作。董青云也许是小井大屠杀的唯一幸存的目击者，他说："敌人袭击红军医院时，轻伤员和工作人员都往山上突围了，只有一百多名重伤病员没有办法突围。这一百多名重伤员，当天被国民党反动派全部拖到小河边一块田里用机枪扫射。我躲在对面山上杂草树林里看得很清楚，他们先是一个个被拳打脚踢，痛得躺在田里，然后敌人开枪。我流下了眼泪。"

小井的屠杀，只是"会剿"敌军闯进五大哨口后的第一幕。接着，他们又在大井、中井、上井、下井、茨坪、荆竹山、白银湖、下庄、行洲等地开始了更大规模的屠杀。屠杀的方式，也有多种，仅我们现在所知，就有打地雷公、踩杠子、钉四肢、香火烧、艾烟熏、抽脚筋、锁颈骨、挖眼、挖心、剖腹、剥皮、点天灯……光听这些名目就已使人毛骨悚然。

井冈山革命先烈纪念塔（1950 年建）

国民党正规军的屠杀过后，当地的"四大屠夫"，遂川的萧家璧、酃县的贾少棣、永新的尹豪民、宁冈的肖根光又开始粉墨登场，开始了新一轮的屠杀……

还是枯燥的数字最能说明问题：

1926 年，宁冈县有九万余人，屠杀过后，锐减至三万五千人；永新县原有三十万人，屠杀过后，只剩下二十万零三百七十人；原有二百多人的茨坪，被残

杀六十四人；大井村被害人多达一百三十六人，占全村人口的三分之
二……

在屠杀百姓的同时，百姓辛辛苦苦盖起的民房也被付之一炬。永新的
小江地区，被焚烧了七昼夜后，三分之二的房屋被烧毁，共计两千五百七
十栋；宁冈的茅坪、大陇、乔林等乡，被烧房屋均在半数以上；黄洋界下
的源头村，五十多栋房屋全部被烧；坝上村有房屋二十栋，被烧十三栋；
成村、周山两村原有房屋三十三栋，被烧二十三栋……

在根据地的中心，许多村庄被反复烧杀，大井村被反复烧杀九次，下
井村被反复烧杀十三次。五大哨口之内，本来房屋就不满四百栋，烧毁的
就有二百多栋。从下庄至荆竹山的五十余里内，所有民房尽为灰烬……

参考资料

[1] 井冈山革命博物馆编：《井冈山革命博物馆志》，江苏人民出版社，2007。

[2] 袁井红、肖邮华、李美兴、饶道良编著：《红绿辉映井冈山》，江西人民出版
社，2003。

彭德怀发银圆

1929 年 1 月底，井冈山的第三次反"会剿"失利后，根据原定计划，彭德怀、滕代远等红五军领导人率领收容起来的红五军共六七百人，从井冈山的荆竹山向遂川县的大汾镇方向突围。

2 月 9 日，彭德怀率领部队到了大庾，时值农历腊月三十，万家团圆的除夕之夜。正在庆贺新年、大摆宴席的土豪劣绅听说来了红军，闻风丧胆。红五军利用这个机会，乘虚而入，顺利占领了大庾城，在大庾过了个丰盛的新年。次日凌晨 3 点，正在睡梦中的红五军被枪声惊醒，敌人突然袭击了。尽管部队行动迅速，多数安全转移，但还是损失了一个大队的人马。接着，部队绕道信丰县的安西圩，打垮了那里的反动民团，就地休整了两三天。

3 月，红五军到达了兴国，当时部队只剩下了 300 余人。在地方党组织的帮助下，部队与江西红二团取得了联系，补充了部分兵员和弹药。同时得到情报，于都县城内敌人兵力空虚，只有一个营和部分民团驻守。彭德怀决定攻打于都县城。

这次战斗，消灭了敌人一个营，缴枪三四百支。攻下县城后，为了避免与强敌对阵，重蹈大庾除夕之夜的覆辙，部队主动撤出县城，转移到了城南 40 里的小密村一带。在小密村，滕代远和参谋长邓萍等 20 多名重伤员被留下来养伤。接着，彭德怀率领红五军攻克了安远县城，并筹款万余元，缴获了许多粮食、布匹，解决了官兵们的夏装问题。3 月底，部队到达瑞金，这时红五军已发展到了 600 多人，400 多支枪。

4月1日，红四军由闽西挥师西进，在瑞金与红五军会合。接着，毛泽东在于都主持召开了前委扩大会议。根据当时的形势，会议决定，彭德怀率部重返井冈山，恢复发展井冈山根据地的革命形势，与赣南闽西的斗争相呼应。

留守湘赣边界的红三十二团在井冈山失守后，克服恶劣的自然条件，在王佐的率领下又回到深山老林，和敌人展开顽强斗争，成为坚持边界斗争和恢复井冈山革命根据地的一支重要力量。

1929年4月，国民党派系斗争矛盾加剧，大部分国民党正规军调离了井冈山，参加军阀战争，大小五井一带只留下了一些地主武装和反动民团。趁着这个有利时机，中共湘赣边界临时特委从永新、宁冈、莲花、茶陵各县抽调人员和武装与红三十二团、红五军余部，合编组成湘赣边界红军独立一团。

4月的一天，何长工、王佐率领红军战士趁敌人酣睡之际，向驻守在茨坪的反动民团发起了突然进攻，200多敌人全部被歼灭。后来，独立一团又先后打败了宁冈、永新、茶陵、酃县、莲花等地的反动民团，重建了红色政权，使边界红色割据局面得到了较大的恢复。

4月初，彭德怀率领红五军昼夜兼程，向井冈山挺进。部队经信丰、崇义、上犹等县，于4月底抵达遂川县的黄坳。

黄坳位于井冈山脚下，离井冈山茨坪只有20多公里。此时，蒋介石与桂系军阀之间的矛盾进一步激化，"会剿"井冈山的湘赣敌军被调往参战，敌人的正规军已大部撤离了井冈山，只有一小部分队伍和地方反动民团在井冈山

黄坳远景

一带驻扎。遂川靖卫团在黄坳封锁了通往井冈山的要道，妄图阻止红五军上山。彭德怀得知情况后，决心彻底消灭这股敌人。在与敌人激战三个小时后，终于击溃了阻击之敌，接着又斗争了几户土豪劣绅，没收了部分浮财。

5月1日，红五军回到了井冈山茨坪。红五军看到的井冈山，一片凄凉，惨不忍睹。敌人占领茨坪和大小五井一带以后，实行了"石头要过刀，茅草要过火，人要换种"的烧杀政策，使得井冈山上到处断壁残垣，尸骸遍野。所剩无几的老表听说红五军又回井冈山了，都扶老携幼，从茅草棚里跑出来，向这些昔日与自己朝夕相处的子弟兵诉说红军走后的悲惨遭遇。彭德怀等人眼看着这些曾和自己生死与共的幸存者，长发蓬乱，骨瘦如柴，心里也是十分难过。

第二天，彭德怀在茨坪召开了大小五井和五大哨口以内的群众大会。会上，彭德怀代表红四军前委和红五军指战员向井冈山人民群众表示亲切慰问。他说，毛委员、朱军长派我们回到井冈山，就是来帮助和看望井冈山的父老兄弟，来帮助大家重建家园的。现在红四军在赣南和闽西等地打了大胜仗，革命根据地扩大了，我们井冈山的根据地也要扩大，红四军在赣南闽西一带发展，我们就在湘赣一带发展。

井冈山军民坚持斗争时住过的茅草棚

会后，彭德怀和滕代远组织红五军官兵在会场旁边的茨坪北桥上，把缴获到的一部分银圆分发给群众。彭德怀根据五大哨口内原有的人口数，准备了2000多块银圆。但是，所有群众每人都领取了一块银圆后，还有1000多块银圆发不下去。也就是说，五大哨口内的群众已剩下不到一半了……

红五军重返井冈山后，在边

场景复原：彭德怀发银圆

界党的领导下，经过近一年的艰苦转战，使井冈山革命根据地又一次恢复起来。红色政权得到重建，各县党组织也有较大发展，宁冈、永新、莲花等县部分区域的农民还从地主手里分回了属于自己的土地。这时，红色区域包括永新、宁冈、遂川、莲花、安福、万安、泰和等县。

参考资料

彭德怀：《彭德怀自述》，人民出版社，2007。

宛希先之死

宛希先

宛希先在井冈山是一位重要的人物，也是谭政大将的入党介绍人。从秋收起义之后的文家市起，除了总指挥卢德铭之外，毛泽东最倚重的就是宛希先和张子清了，而当卢德铭不幸壮烈牺牲后，宛希先与张子清的作用就更加凸显。在井冈山，战士们都形象地称宛希先与张子清是毛泽东的"左臣右相"。军事方面，张子清是毛泽东的得力助手；党务方面，则大半靠的是宛希先。1927年冬天，工农革命军撤出茶陵县城时，如果不是宛希先及时发现了叛徒陈浩一伙的阴谋，那革命军就有全部被陈浩拉往湖南投靠国民党方鼎英部的可能。而如果真是那样的话，井冈山的历史就将被改写。毛泽东正是从这一系列的事情当中看出了宛希先革命的坚定性，从而放心大胆地把许多重要的事情交由他去处理。井冈山革命根据地中除井冈山军事根据地外的另一个重要根据地九陇山军事根据地就是在宛希先的主持下建立起来的。

但是，对井冈山革命根据地有着重大贡献的宛希先却是倒在自己人的枪口之下，并从而引发了更大的错杀冤案。

宛希先的被害是源于龙家衡的被杀。龙家衡是永新县里田镇大土豪龙庆楼的妹妹。在大革命时期，龙家衡在永新是与贺子珍齐名的女中豪杰，在中学读书时就与刘真订了婚。后来，刘真成了中共边界特委常委、永新县委书记，而龙家衡也成了刘真的妻子，并且担任了永新县妇女部部长。

井冈山根据地"八月失败"期间，刘真的父亲因在家乡遭敌人反复烧杀、搜捕，无处立身，特来投奔儿子。不料进入游击区后，因身份不明，遭到误杀。沉重的打击使刘真病倒了。

宛希先领导创建的九陇山军事根据地

这时，龙家衡得知公公遭遇不测以及丈夫病重的消息后，急忙从永新高坑赶回九陂村，看望和服侍病中的丈夫。由于刘真病情未见减轻，县委决定第二天送他到医院治疗。龙家衡也准备同去照料，但她因回九陂时过于匆忙，连换洗的衣服都来不及拿，于是返回舅父家中去取衣服。

　　这时形势动荡，一些投机分子反水投敌的现象时有发生，而反动武装又正向高坑一带游击边区"进剿"。龙家衡刚从边区回到九陂，匆忙间又离开九陂去边区，而这时恰是刘真遇到一连串不幸的时候。这些巧合引起了人们的怀疑，以为龙家衡是去"通敌""策反"。当龙家衡刚走到九陂村前的岗哨时，便被"边界行动委员会"（简称"行委"）的特务连截住，并被当即绑到村外的茶树山里枪杀。

　　此事引起轩然大波。在特委书记朱昌偕主持的特委常委会上，朱昌偕指责龙家衡之事是宛希先的过错。宛希先声称龙家衡是意图逃跑，才酿成悲剧的，而袁文才与王佐则以龙家衡出身地主为由，支持宛希先杀龙家衡。对此，以朱昌偕为首的一些特委领导成员及永新县委、宁冈县委不少同志大为不满。为避免事态进一步激化，朱昌偕决定让宛希先暂时兼任中共茶陵县委书记。

　　1929 年 7 月，特委决定派一名经验丰富的同志，前往白区南昌寻找中共江西省委，刘真主动承担了这一任务。中旬，刘真化装成教员模样，只身一人从永新小江出发，经吉安来到南昌，历尽艰难，终于找到了中共江西省委，并详细汇报了边界的工作，得到了省委的指示。7 月 24 日，刘真带着省委的指示登上了"江庆号"客轮，准备返回边界。就在登轮的码头上，被送客的永新里田保安队长龙庆楼认出。龙庆楼当场大叫："共产党，刘真，抓住他！"并招来了水上警察。刘真见状，纵身跳入赣江，迅速将携带的文件毁灭，但最终还是被捕了。

　　刘真被捕后，龙庆楼以"共产党连你老婆都杀掉，革命还有什么意思"来挑拨、诱劝刘真归降，没有得逞。敌人见对刘真软硬兼施的招降都不成功，便于 1929 年 8 月底，在南昌下沙窝将刘真杀死。这时，又有人造谣，说刘真之所以惨死，是因为龙庆楼要为妹妹报仇。如果龙家衡不死，刘真就不会牺牲。

　　1929 年 10 月初，中共湘赣边界特委决定调集永新、宁冈、莲花、茶陵四县的赤卫大队，会攻永新城。这时的宛希先远在茶陵的湖口一带，待接到特委派人送来的命令时就已经迟到了一天，便赶紧集中队伍。当宛希先带领人马抢赶了两天的路到达永新时，攻城的战斗已经结束。第四天，在永新大湾召开的特委扩大会议上，边界特委领导人指责宛希先"抗拒命

永新大湾

令，贻误战机"，不由分说将他抓起来，并严加看守。

这时的特委领导人大部分都是永新与宁冈两县人。宛希先知道，因为刘真夫妇的事情，特委一些人总想与他算清这笔账，现在又落到他们的手里，必定是凶多吉少。于是，宛希先乘半夜里看守人员打瞌睡的时候，在墙壁上磨断臂膀的捆绳，撬开窗户，跳出临时牢房。

大湾四面环山，要想去往宁冈境内必须翻过一座高山。晚上伸手不见五指，宛希先又不敢到农家敲门取火把，便躲在山上，打算天亮再走。到下半夜时，看守人员发现宛希先逃走，连忙报告特委。朱昌偕、王怀等人连夜动员数百人，天一亮便开始搜山，搜了几个钟头，终于把宛希先找了出来，最后在一个老表冬天放红薯、生姜的地窖里将其杀害。

听到宛希先被杀的消息，一向与宛希先关系甚笃的袁文才和王佐不禁义愤填膺，他们本就对朱昌偕、王怀等永新土著没有好感，这时便切齿痛骂。骂者无意，听者有心。袁文才和王佐的这一番痛骂，恰巧被宁冈县委

九陇山军事根据地纪念碑

书记谢希安听了去。而后，谢希安又原话照搬，告诉了朱昌偕等人。朱昌偕等自然是心中大为不快。

不久，特委在陇山召开会议。特委指责袁文才和王佐勾结土匪，袁、王则反讥特委蓄意谋害宛希先，双方吵得不可开交，王佐甚至把手枪都亮出来了，经袁文才劝解才慢慢平息怒火。

宛希先之死引起了连锁反应，第二年的2月，以朱昌偕为首的特委又杀了袁文才和王佐。

参考资料

[1] 李立：《井冈山斗争诸事忆》，载《星火燎原·井冈山斗争专辑》，解放军出版社，1986。

[2] 韩伟：《忆宛希先等同志》，载《星火燎原·井冈山斗争专辑》，解放军出版社，1986。

刘仁堪写血书

　　自从红四军主力离开井冈山奔赴赣南闽西，井冈山第三次反"会剿"失利之后，湘赣边界一片白色恐怖，老百姓生活在惊惶不安中。

　　1929年5月19日下午，小小的莲花县城又掀起了一阵骚动，正当大家疑惑地议论纷纷时，只见三五成群的国民党靖卫队挥舞着枪支、皮鞭，大声吆喝着，把街上的行人统统赶进了两旁的店铺里，命令老板立即关上店门，不准出来。不多久，从县衙那边一先一后走来一对身穿蓝色便装的中年男女。他们的双手

刘仁堪

都被绳子反绑得紧紧的，后面还有人死死地揪着。当这两个被绑着的人走近时，躲在店里的老表几乎惊叫起来："啊？这不是莲花县委书记刘仁堪和妇女部长颜清正吗？看来反动派又要大开杀戒了！"

　　这两个人正是刘仁堪和颜清正。

　　刘仁堪生于1895年，是江西省莲花县浯塘村人。大革命时期，他曾以

行医为掩护，秘密进行革命活动，担任过莲花县农协委员、党小组长。他于 1924 年在长沙做搬运工时参加过毛泽东主持的秘密会议，受到马克思主义教育，并加入了中国共产党。大革命失败后，他与朱亦岳等人在莲花上西山区坚持斗争。

1927 年 9 月毛泽东带领秋收起义部队经过莲花县时，刘仁堪与朱亦岳等人主动出来迎接，随部队上了井冈山，并在军官教导队学习，后来又回到莲花开展工作。1928 年 6 月底，他在莲花县工农兵第一次代表大会上当选为县工农兵政府主席，11 月开始担任中共莲花县委书记。

井冈山失守后，整个湘赣边界都沦为白区，革命活动也不得不转入地下。有一天，刘仁堪与县委妇女部长颜清正在下乡途中，由于叛徒告密，在南村被捕。

刘仁堪读过的《地理教科书》

刘仁堪用过的笔筒和藤篮

国民党莲花县县长邹兆衡听说抓到了共产党的县委书记，欣喜若狂，便跑到监狱假惺惺地亲自给刘仁堪松绑，企图进行诱降。他说："如果你交出全县共产党的组织和名单，交出独立团的枪支弹药，不但用不着操心自己的名誉和地位，还可以担保你全家人的生命和财产安全。"刘仁堪心里很清楚敌人的伎俩，一声不吭。

邹兆衡见软的不行，便命令手下大刑伺候，对刘仁堪踩杠子、灌辣椒水，用香火烧，用铁铲烙，结果都没有得逞。无计可施之后，敌人便把刘仁堪和颜清正绑赴刑场。

这时，刘仁堪两人虽然面容憔悴，头发凌乱，却仍不失英勇顽强的气概。他们一边走一边打量着空荡荡的街道两旁。当刘仁堪发现人们都拥挤在店铺门缝和窗边向外张望时，他便高声喊道："乡亲们，别害怕，别担心，国民党反动派这些杀人不眨眼的魔鬼是疯狂不了多久的。红军一定会回来的。"前前后后和左右两旁的靖卫队员赶紧厉声呵斥，不准刘仁堪说话。

他们被押到南门临时搭的一个台子下面。这个地方刘仁堪并不陌生，他曾多次在这里开过群众大会。许多老表都还记得，一年前，大约也是这个时间，刘仁堪当选县工农兵政府主席时，就在这里开过万人大会，刘仁堪在会上做过一次精彩的演讲："同志们，老表们，以前我们穷苦工农没有吃，没有穿，受压迫，受剥削，今天我们成立了工农兵政府，自己掌了权，打土豪，分田地，以后还要建设共产主义，日子会越过越好……"

此后，莲花县的革命群众运动走向了一个新的高潮，全县 8 个区普遍成立了工农兵政府和党的区委会，57 个乡建立了乡政府和党支部，县红色独立团已掌握了 220 支枪。莲花县的革命烽火有力地推动着整个边界斗争进入全盛时期。

时隔一年，刘仁堪没有料到这里竟成了自己被杀害的刑场。他一走进这个荒凉的沙洲，就明白自己在人世的时间不多了。他横下一条心，没等那个全县闻名的大豪绅、县靖卫队头目李成荫宣布开审，就站在台下一张方桌上，拉开嗓门，面向围观的群众大声疾呼："乡亲们，国民党反动派是帝国主义的走狗……"

李成荫一看不对头，他把持的审判台居然变成刘仁堪的演讲台了，于是恼羞成怒地叫嚷："住口！你这个土匪头子，还想煽风点火，蛊惑民众！你晓得今天是什么日子吗？"敌人要将自己斩首示众，这一点早就在刘仁堪的意料之中，他抓住这最后的机会，在赴刑前，愤怒地揭露国民党反动派的罪行，他大声地说："我晓得你要杀人了。告诉你，革命的人民是杀不绝的，井冈山的星火是扑不灭的……"

李成荫被刘仁堪气得暴跳如雷，他立即指使靖卫队的暴徒用匕首割掉刘仁堪的舌头，鲜血顿时流遍了刘仁堪的全身。刘仁堪不能讲话了，但是

刘仁堪就义（国画作者：程新坤）

他没有屈服，没有倒下，而是咬紧牙关，忍着剧痛，用脚趾头蘸上从嘴里流出的鲜血，在方桌上写下了"革命成功万岁"六个大字。

一阵枪声响过，刘仁堪和颜清正同时倒在血泊中，英勇牺牲。

参考资料

毛秉华主编:《井冈红旗谱》，江西人民出版社，2012。

"刘真精神不死!"

1929 年 8 月的一天，一位年轻的共产党员，身穿灰布长褂，头戴黑色礼帽，脚蹬黑色布鞋，消瘦的脸上架着一副大墨镜，在国民党反动派一群手持刀枪的卫兵簇拥下，昂首挺胸，从容不迫地走向刑场。他就是原中共永新县委书记、湘赣边界特委常委刘真。

1927 年 11 月下旬，毛泽东上井冈山不到两个月，就在宁冈茅坪象山庵召集永新、宁冈、莲花三县原党组织负责人会议，研究三县党的工作。会上，毛泽东

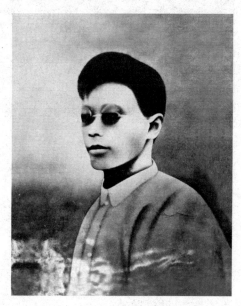

刘 真

明确指示永新共产党员回到永新去，恢复党的工作，重建永新县委，并指定刘真任县委书记。

刘真带着毛泽东的嘱托，回到永新。由于领导有方，永新的工作在很短的时间内，卓有成效。为此，毛泽东特地向湖南省委和党中央建议，要刘真参加特委的领导工作，以更好地领导和指挥边界各县党的工作和农村起义。

茅坪象山庵

　　1928年8月，由于红军主力离开井冈山，开往湘南，造成了边界"八月失败"，给根据地的各项工作带来了很大的损失，党组织遭到严重破坏。这时，边界行动委员会与永新县委一道转入西乡九陂村办公。由于在工作方法上县委与"行委"存有分歧，"行委"负责人认为"永新县委闹独立"，撤销了刘真的县委书记职务，接着免去了他湘赣边界特委执行委员和常务委员的职务。

　　在斗争环境异常险恶的时候离开了战斗岗位，刘真显得忧心忡忡，而"行委"主要领导人的不理解，更使他十分痛苦。这时，刘真的父亲因在家乡遭敌人反复烧杀、搜捕，无处立身，特来投奔儿子，不料进入游击区后，因身份不明，遭到误杀。沉重的打击使刘真病倒了。而这时，刘真的妻子龙家衡得知公公遭遇不测以及丈夫病重的消息后，急忙从永新高坑赶回九陂村，看望和服侍病中的丈夫。而由于种种误会，龙家衡又遭"行委"特务连的错杀。

　　妻子被错杀，对于刘真来说更是雪上加霜。他对妻子是信任和了解的，因为她不仅是他的妻子，更是他的革命同志。

龙家衡是永新县委妇女干部。1926年7月，刘真与龙家衡受党的派遣一同回到永新从事革命工作。井冈山革命根据地建立后，他们结为夫妻。后来两人还与毛泽东、贺子珍一起参加了塘边村的土地革命试点工作。龙家衡成了刘真的左膀右臂。无论刘真在工作上还是生活上遇到什么困难，他都与龙家衡商量，两人共渡难关。就在刘真被撤职受审时，她仍安慰他，要相信党，相信组织，相信革命。妻子的死使刘真伤心欲绝，更使他痛心的是妻子不是死在敌人的枪下，而是死于自己人手中。

然而，政治上的打击，家庭中的极度不幸，并没有使刘真一蹶不振，他忍着莫大的痛苦，带着患重病的身子，在艰苦的工作环境中，呕心沥血，仍做了大量的革命工作。尤其是在井冈山失守、湘赣边界特委机关被敌人打散后，为了恢复边界斗争，1929年2月，刘真顾全大局，不计前嫌，和其他特委领导一起，共同为恢复边界的工作而努力，受到大家的一致好评，同时也得到了党的信任。在5月的特委第四次执委会议上，刘真重新当选为特委常委，分管宣传工作。

井冈山根据地第三次反"会剿"失利后，中共湘赣边界特委与上级党组织失去了联系。1929年7月，特委决定派一名经验丰富的同志，前往白区南昌寻找江西省委，刘真主动承担了这一任务，后不幸被捕。

刘真被捕后，敌人多次劝降，都没有得逞。南昌卫戍司令王均闻讯亲自赶来，他以高官厚禄为诱饵，想让刘真投进国民党的怀抱，但是得到的是刘真斩钉截铁的回答："我生是共产党人，死是共产党鬼。决不会与尔等反革命为伍！"

敌人对刘真软化不成，转而凶相毕露，用尽各种酷刑，严刑拷打。这些手段早在刘真的意料之中，面对敌人的酷刑，他毫无惧色，掷下一句"要杀便杀"的铮铮铁言。

国民党反动派见对刘真软硬兼施都不成功，便于1929年8月底，将刘真枪杀于南昌下沙窝。刘真当时年仅23岁。

刘真牺牲后，中共江西省委发出通告："刘真、刘伯伦被江西军阀枪杀，确实是江西党的一大损失。各地在追悼彭（湃）、颜（昌颐）、杨（殷）、邢（士贞）四位同志时，还须同时追悼两刘同志。"省委还拟定了

刘真英勇就义（油画作者：秦文清 李明峰）

标语口号："刘真、刘伯伦精神万岁！""刘真精神不死！"

参考资料

中共吉安地委党史工作办公室编：《吉安英烈》，中共党史出版社，1992。

1930 年及以后

袁文才、王佐被错杀

　　井冈山革命根据地的创建，离不开袁文才和王佐的帮助和支持，而袁、王的绿林部队又是在工农革命军的团结和帮助下，成为真正的人民军队，袁文才和王佐两人后来也成为井冈山革命根据地的重要领导人和红军优秀的指挥员，为井冈山革命根据地的创建、巩固、发展做出了重要的贡献。但由于种种错综复杂的原因，最终导致袁文才、王佐被错杀，对井冈山革命根据地造成了无法挽回的损失。

永新县城

1930 年 2 月下旬，在井冈山上的袁文才、王佐突然接到中共湘赣边界特委送来的"红四军前委来信"（后来证明这封信是湘赣边界特委个别领导人假冒的），要袁、王把队伍开至永新县城集中，整编部队攻打吉安。

袁、王按要求把部队带到永新县城后，当天召开特委扩大会议，袁、王参加。会议由中央于 1929 年冬天派到井冈山检查工作的巡视员彭清泉主持。彭清泉及特委一些领导人在会上指责袁、王等人"受编不受调""反对分田""勾结土豪""破坏苏维埃"等。双方发生激烈争吵，以致拔枪相向，会议不欢而散。

22 日晚上，特委安排袁、王及其部队驻扎在永新县城，并对他们进行热情款待。其实当天晚上彭清泉和特委已向驻扎安福县的红五军去信，并派特委书记朱昌偕、永新县委书记王怀等人亲自前往红五军驻地安福县洲湖，请求红五军军长彭德怀立即出兵，解决袁、王及其部队。

彭德怀听了朱昌偕、王怀等人的汇报，感觉意外。但有特委书记亲自前来，而且汇报的情况很严重，为了预防万一，彭德怀召开军委临时会议，与特委共同决定，派红五军第四纵队党代表张纯清带四纵一部前往永新。

袁文才住所：永新县城尹家巷 22 号

东关潭

朱昌偕、王怀和红五军第四纵队一部于 23 日晚急返永新。途中，特委已下令部队战士手臂扎白布为标记，并更新了进出永新县城的口令，遇到没有白布标记和没有对上口令的武装人员立即开枪。

次日（24日）拂晓，朱昌偕率部抵达永新县城，立即包围了袁、王及其部队驻地。朱昌偕持枪第一个闯进袁文才住地尹家巷22号，将袁文才打死在床上。王佐听见枪声后，与刁辉林（也为王佐结拜弟兄，王佐部副营长，红四军军械处副处长）等几个亲信往县城东门方向欲出城回井冈山，不料东门方向浮桥已被拆，王佐等只得涉水过河，但王佐等均不习水性，被淹死在东门外东关潭中。袁、王部被打死、淹死40余人。其他战士被关了三天后，愿留下的一部被编入红五军，一部被编入宁冈游击队，不愿当兵的发给了路费回家。

袁文才烈士墓

袁、王死后，井冈山的政治格局发生了逆转。1930年3月，王云隆（王佐之兄）、谢角铭（袁文才妻叔）向湘赣国民党政府"电告反赤"。国民党政府派出"抚慰大员"赴井冈山策划袁、王旧部反水，袁、王余部一部分遂被改编为国民党地方保安团，井冈山五大哨口之内的当年军事根据地范围，基本为袁、王余部所盘踞。1930年7月，井冈山茨坪成立遂川县行洲特别区保卫团，王云隆任团长，谢角铭任遂川、宁冈联防总保卫团团总。1932年谢角铭在茅坪阴阳山被红八营战士击毙。1940年王云隆病故，

其子王子华继任保卫团团长。

1949 年 10 月 6 日，中国人民解放军解放井冈山。

1950 年，江西省人民政府追认袁文才、王佐为革命烈士。

王佐烈士墓

参考资料

[1] 黄仲芳、李春祥：《王佐将军传》，解放军出版社，1990。

[2] 井冈山革命根据地党史资料征集编研协作小组、井冈山革命博物馆编：《井冈山革命根据地》（下），中共党史资料出版社，1987。

贺页朵的入党誓词

贺页朵保存的入党誓词

在井冈山革命博物馆，保存着这样一份入党宣誓书，誓词内容写在中国共产党党旗的正中央。当年鲜红的党旗，由于岁月的流逝，现在已褪成淡淡的黄色了。

党旗正中央从右向左竖行排列着六句话："牺牲个人，言（严）首（守）秘蜜（密），阶级斗争，努力革命，伏（服）从党其（纪），永不叛党。"左右两边画着两个不规则的五角星，星内画有镰刀与斧头，两个五

角星的五个角内各写着"中国共产党",宣誓书的上方写着中国共产党的英文缩写"C.C.P."。右方边沿写的是:"中国共产党员贺页朵,地点北田村。"左边写的是:"一九卅一年一月廿五号。"

宣誓书的主人贺页朵（1886—1970）,出生于江西省永新县才丰乡北田村的一个贫苦农民家庭。1927年参加革命工作,曾任永新县北田村农民协会副主席和湘赣边区苏维埃六乡政府财粮干事。由于他的文化程度不高,只读过一年的私塾后便辍学,所以誓词当中出现了部分错别字,上述誓词括号中的字是后人经过考证的正确写法。

1927年,毛泽东同志率领秋收起义部队上了井冈山,开展了轰轰烈烈的农民运动。此时,年已四十一岁的农民贺页朵满腔热情、义无反顾地投身于这场革命运动之中,并担任了北田村农民协会副主席。为了尽快与上级党组织取得联系,迅速传递根据地内部的消息,贺页朵将自己的榨油坊作为红军的联络点,建立了地下秘密交通站,负责收集和传递情报,并作为运送伤病员、转运食盐等物资的驿站。同时,他还参加了攻打永新和吉安的战斗。鉴于他出色的表现,永新县东南特区党委决定吸收贺页朵为中国共产党党员。

入党宣誓是在他工作的榨油坊进行的。在桐油灯光的照耀下,他在一块红布上写下了六句入党誓词,并在布片顶端写下了"C.C.P."三个英文字母。他识字不多,在这张布质的入党宣誓书里,二十四个字中别字就有五个,但这更让人感受到他灵魂深处的忠诚和信念,具有强烈的震撼力。

1934年红军主力长征后,他因身负重伤留下来坚持斗争,在国民党的白色恐怖下与党组织失

贺页朵

去了联系。在以后的漫长岁月里，他冒着生命危险将入党誓词藏在榨油坊的屋檐下。

1949 年 7 月，永新解放，贺页朵从榨油坊里取出那个用油纸包了几层的纸包和用红布写的《入党誓词》。在阳光的照耀下，这块红布更显得光彩夺目。他对众人说："我入党时，介绍人反复嘱咐，宁愿杀头，也不能告诉任何人。从我入党到今天解放有十多年了，我没有告诉过别人，因为我当年曾发过誓，要严守秘密。"

1951 年，中央派慰问团到南方老革命根据地慰问时，贺页朵将这面写有入党誓词的党旗亲手交给慰问团吉安分团的负责人，分团将党旗转交给了总团长谢觉哉，谢老又交给了中宣部。1959 年，党旗又被转交给刚刚成立的中国革命博物馆。如今，这面写着很多错别字的特殊党旗已成为国家博物馆收藏的国家一级文物。

参考资料

江西省永新县志办公室编：《永新苏区志》，南海出版公司，1990。

一罐食盐的历史见证

1928 年红军送给李尚发的一罐食盐

食盐，是人们日常生活中最常见也是必不可少的东西，而在井冈山斗争时期，它却成为最缺乏的物资，甚至有的老乡为给红军送盐而牺牲了自己的生命。随着敌人经济封锁的一天天加剧，食盐的供应越来越紧张，价格也越来越昂贵。为了解决缺盐的困难，边界特委组织军队和群众大力熬制硝盐，以代替食盐。有时，红军在打仗时也能缴获到一点食盐，红军将这些珍贵的食盐除留下一部分作为军需品外，其余的都分给了与红军患难与共的边界群众。

一次，新遂边陲特别区工农兵政府主席李尚发家里也分到了一小罐食盐，但他一直不舍得吃。后来，为了怕盐蒸发，他又用油纸把这罐食盐包好，小心地埋在屋后菜园子里的梨树下。

第三次反"会剿"失利后，红军主力被迫离开井冈山，但红四军三十二团仍然在何长工、李灿、王佐等率领下，与当地群众一起，转移到深山坚持游击战争。走的时候，李尚发把这罐食盐带在身边，也带领群众一起到了深山里。

后来，井冈山彻底失守，红军主力离开了江西北上。在最艰难的岁月里，家人几次提议把这

李尚发

罐食盐拿出来食用，但李尚发就是不同意，他要守着这罐食盐，等到红军回来。

新中国成立后，食盐成了最常见不过的东西了，但这罐食盐却一直被李尚发一家珍藏着。1959年，井冈山革命博物馆建成开放，李尚发把陶罐连同里面早已结晶成块的食盐捐献给了井冈山革命博物馆。后来，李尚发成为井冈山光荣敬老院的院长，同时也是茨坪革命旧址的义务讲解员，他用自己的亲身经历向来自四面八方的游客讲述发生在井冈山斗争时期的动人故事。这罐食盐也成了井冈山革命博物馆收藏的一级革命文物。

如今，这个棕色的小陶罐，仍然装满了90年前井冈山斗争时期的食盐，虽然食盐已结成表面为灰黑色的结晶体，甚至与陶罐融为一体，再也无法分开，但它却成为井冈山斗争时期军民同命运共患难的历史见证。

参考资料

井冈山革命博物馆编：《井冈山革命博物馆志》，江苏人民出版社，2007。

二七会议

二七会议指的是 1930 年 2 月 7 日红四军前委在江西吉安陂头召集的一次联席会议。因为会议适逢二七大罢工的纪念日，所以党史上往往把这次会议称为二七会议。

二七会议会址

　　二七会议在中国革命史上有着非常重要的意义。它标志着井冈山时代告一段落，也宣告着另一个新时代的开启。会议极大地推动了赣西南地区和闽西革命斗争的发展，对瑞金中央革命根据地建立具有重要的意义。

　　在二七会议召开前夕，闽西的革命根据地已经正式形成，红四军已经在赣南的宁都、于都、兴国、寻邬等县建立了革命委员会，地方红军部队有江西红军独立二团、三团、四团、五团、十纵队、十九纵队、二十一纵队、二十三纵队、二十五纵队等，赣西的割据地区包括有吉安、吉水、峡江、分宜、泰和、万安、安福、永新、宁冈、莲花等十个县，成立了赣西革命委员会，曾山担任赣西临时苏维埃政府主席。1929 年 12 月，赣西特委组织了附近的 80 万群众和地方武装，配合红五军第四纵队攻打了吉安城。攻城虽未成功，但极大地震慑了敌军，鼓舞了工农士气。

　　1930 年 1 月初，中国工农红军第六军在永新宣告成立，这是由原来赣西地方红军和永新、宁冈、莲花等县的赤卫队组编的，拥有枪 2000 余支，军长黄公略，政委刘士奇（后为陈毅），参谋长胡灿，政治部主任毛泽覃。

　　红六军成立后，向吉水推进；红五军向袁州（今宜春）推进；毛泽东、朱德率红四军由闽入赣，到达吉安地区。这时红军三大主力对吉安采取了包围的态势。

　　然而，在大好的革命形势下，赣西南党内一些同志在对时局的估量和行动问题上有了不一致的意见，特别是在政权建设、分配土地、攻打吉安等重大问题上分歧严重。鉴于这种情况，红四军前委致信中共赣西特委、赣南特委、湘赣边界特委、红五军军委、红六军军委，建议召开联席会议，部署争取江西首先胜利的行动计划。

　　会议召开前，由毛泽东等三人组成的前委代表团首先赴赣西特委所在地吉安陂头。会议原定 2 月 10 日在东固举行，因情况有变，提前至 2 月 6 日至 9 日在陂头召开。参加会议的有上述机构的四十余人，原定计划包括红四军前委代表毛泽东、熊寿祺、宋裕和；赣西特委代表刘士奇、曾山、刘和谦、许白年、胡品；红六军军委代表黄公略、王如痴、姚起华；红五军军委代表彭德怀、滕代远等。由于种种原因，有些原定代表未能出席。彭德怀、滕代远因赣江阻隔，无法东渡，来信委托黄公略、刘士奇代表红五军军委。赣南特委因来不及赶到也未能参加会议。

东固全景

　　会议由毛泽东主持。会议确定了中国共产党在赣西南的任务：扩大苏维埃地区，深入土地革命，扩大工农武装，制定了攻打吉安，进而夺取江西全省的战略部署。会议解决了土地分配的政策问题，制定了一部《土地法》，史称"二七《土地法》"，这个《土地法》比之前制定的《兴国土地法》和《井冈山土地法》在没收对象、分配对象、征税等方面更加合理。成立了统一领导军队和几个根据地的领导机关——前委，成员包括：

　　书记：毛泽东

　　常委：毛泽东、曾山、刘士奇、朱德、潘心源

　　候补常委：黄公略、彭德怀

　　委员：毛泽东、朱德、陈毅、彭德怀、滕代远、黄公略、潘心源、刘士奇、曾山、李文林、王怀以及闽西2人、粤东2人

　　为统一赣西南党的领导，决定将中共赣西、赣南、湘赣边界特委合并为中共赣西南特委，下辖南路、北路、西路三个行委。会议还重新划定了行政区域，西路行委领导原属湘赣边界的永新、宁冈、遂川、莲花、酃县、茶陵等县，以及吉安赣江以西的区域。

至此，1928年5月20日在井冈山茅坪由毛泽东亲自领导成立并担任第一届书记的中共湘赣边界特委完成了历史使命，井冈山的斗争后来逐渐汇入以永新为中心的更大规模的湘赣革命根据地的斗争洪流中。

吉安城（1949年前）

参考资料

刘孚威主编：《井冈山精神：中国革命精神之源》，江西人民出版社，1999。